3

m 747

DESCENTE
GENEALOGIQVE
D'ESTIENNE
PORCHER,
HABITANT DE LA VILLE
DE IOIGNY.

AVEC SES LETTRES D'ANNOBLISSEMENT
du mois de Iuin 1364.

Ensemble la concession à luy faite & aux siens, par
MILES DE NOYERS, Comte de Ioigny, de
prendre & de porter les Armes des anciens Comtes de
Ioigny ses predecesseurs, qui estoient de gueules à
l'Aigle d'argent armé & bequeté d'or, du dixiéme
Septembre 1368.

Auec vn Bref du Pape Gregoire, portant permission audit
Estienne Porcher de fonder vne Chapelle dans l'Eglise
de Sainct Thibaut de Ioigny.

Et diuerses autres pieces concernans les Priuileges, franchises &
exemptions accordées aux descendans dudit Estienne Porcher.

A PARIS,

Chez NICOLAS BOISSET, ruë Galande, proche la
Place Maubert, à l'Image S. Estienne.

M. DC. L.

ARMES DES ANCIENS
Comtes de Ioigny,

Concedées à Eftienne Porcher, & aux fiens, par
MILES DE NOYERS, nouueau Comte de
Ioigny, en l'année 1368.

DESCENTE

GENEALOGIQVE

D'ESTIENNE

PORCHER.

1. ESTIENNE PORCHER Sergent d'Armes, & Maiſtre des Garniſons de vins du Roy Charles cinquieſme, fut annobly par ſa Majeſté, ainſi qu'il appert par ſes Lettres, données à Paris au mois de Iuin de l'année mil trois cens ſoixante-quatre:

Et à cette grace en fut adiouſtée vne ſeconde par Miles de Noyers Comte de Ioigny, qui voulut que ledit Eſtienne Porcher & ſes enfans priſſent &

portaſſent à l'aduenir de ſemblables Armes que celles des anciens Comtes de Ioigny ; qui eſtoient, de gueules à l'Aigle d'argent, armé & becqueté d'or.

Ce fut ce meſme Eſtienne Porcher qui fonda, non ſeulement la Chappelle de la Conception de la Vierge (dicte des Porchers) deſſeruie en l'Egliſe Sainct Thibault de Ioigny , mais encor l'Hoſtel Dieu Noſtre-Dame de ladite ville ; à raiſon de quoy les ſucceſſeurs & deſcendans dudit Eſtienne Por-cher ſont Patrons , & ont droict de preſenter vn Chappelain à ladite Chappelle, & de nommer des Adminiſtrateurs & Directeurs audit Hoſtel-Dieu, à l'excluſion de toutes autres perſonnes ; leſquels Chappellains de ladite Chappelle, & Adminiſtra-teurs dudit Hoſtel-Dieu, doiuent eſtre pris parmy les Deſcendans dudit Eſtienne Porcher, ainſi qu'il a eſté touſiours obſerué iuſques à preſent.

Ses enfans furent au nombre de quatre, qui ont laiſſé lignée, à ſçauoir :

2. IEAN PORCHER, receu Conseiller au Parlemét de Paris en l'an 1399. épousa Ieanne de Chanteprime, fille CHANTEPRIME. de Pierre de Chanteprime aussi Conseiller en ladite Cour, dont il eut les trois filles qui feront la premiere partie de cette Genealogie. *pag. 6.*

2. DREVX PORCHER fut Secretaire du Roy en l'année 1374. & l'estoit encor en 1409. il fut aussi Commis à l'exercice de la charge de son pere pendant quelque temps, & laissa de   sa femme, le fils & les deux filles, qui en feront la seconde. *pag. 79.*

2. ISABEAV PORCHER épousa Iean du Bois, dont elle n'eut que DV BOIS. le fils, marqué dans la troisiesme. *pag. 85.*

2. IEANNE PORCHER, fut femme de Iean Laubigeois, Gre- LAVBIGEOIS. netier d'Auxerre, & pouruoyeur des Garnisons de Vins du Roy, coniointement auec ledit Estienne Porcher son Beau-pere, iusques en l'année 1385. Laquelle charge il exerça tout seul, iusqu'en 1394. De leur mariage vindrent les quatre enfans, dont sera composée la derniere partie de cette Genealogie. *pag. 86.*

PREMIERE PARTIE.

2. Enfans dudit Iean Porcher & de ladite Ieanne de Chanteprime sa femme.

LE DVC. 3. IEANNE PORCHER épousa Guillaume le Duc, Seigneur de Villeuaudé prés de Montjay qui fut esleué à la charge de quatriéme President au Parlement de Paris en l'année 1434. aprés auoir esté dix-neuf ans Conseiller en ladite Cour; ils sont enterrez dans le Cœur de l'Eglise des Celestins de Paris, & y voit-on encor leur Epitaphe en ces termes.

Cy gist honorable homme & sage Maistre GVILLAVME LE DVC, President au Parlement, Seigneur de Villeuaudé, prés Montjay, qui trepassa l'an de grace 1452. le Dimanche 20 iour de Ianuier.

Cy gist Damoiselle IEANNE PORCHER femme dudit President, laquelle trespassa l'an de grace 1466. le premier iour de Feurier, Dieu ait l'ame d'eux. Amen.

Ils ne laiſſerent qu'vne ſeule fille,
nommée Marguerite le Duc, mariée
auec Pierre Aguenin Conſeiller au AGVENIN.
Chaſtelet, fils aiſné de Iean Aguenin,
(qui fut Premierement Procureur General, puis ſecond Preſident audit Parlement de Paris) & de Ieanne de la DE LA PORTE.
Porte ſa femme. Cette aliance faite à
la charge que les enfans qui en pro-
uiendroient, porteroient le nom & les
Armes du pere & de la mere, & s'ap-
pelleroient Aguenin le Duc : ce qui fut
executé par Guillaume Aguenin, dit le
Duc, ſeigneur de Villeuaudé Conſeiller
en ladite Cour, leur fils vnique, duquel
ſont yſſus Meſſieurs de Villeuaudé d'au-
jourd'huy, & par les femmes Meſſieurs LOTIN.
Lotin, ſieurs de Charny ; de Bouliard; BOVLIART.
de Liures; Bloſſet, ſieurs de S. Main; DE LIVRES.
Deſlandes, ſieurs de Magneuille; He- BLOSSET.
lin ſieurs de Bouuille en Gaſtinois; Va- DESLANDES.
chet, ſieurs du Pleſſis Pommeray; Fu- HELIN.
zée, ſieurs de Voiſenon; le Sueur, ſieurs VACHET.
de Puyſieux en Multien ; Avrillot, FVZE'E.
ſieurs du Peray; & autres. LE SVEVR.
AVRILLOT.

3. MARGVERITE PORCHER
eſpouſa Hugues Foucault Eſleu à FOVCAVLT.
Langres, dont elle n'eut qu'vn fils
nommé apre ſa tante.

5. ISABEAV PORCHER,
derniere fille de Iean, fut femme
d'Oleouolin de Ladehors.

DE LA DEHORS.

—— 3. *Enfans de lad. Marguerite Porcher,*
& dudit Hugues Foucault son mary.

4. IEAN FOVCAVLT Bourgeois
de Paris, dont il quitta la demeure
pour aller s'habituer dans la ville de
Ioigny, espousa
& en eut deux filles; à sçauoir,

PERROTTE'.

5. PHILIPPES FOVCAVLT,
femme de Iean Perrotté, qui laissa
quatre enfans, marquez apres leur
tante.

DES HAYES.

5. MARIE FOVCAVLT, qui
espousa Iean des Hayes Bourgeois
de Sens.

—— 5. *Enfans de ladite Philippe Foucault*
& dudit Iean Perrotté son mary.

PVISOYE.
CALMEAV.

6. CATHERINE PERROTTE'
espousa en premieres nopces Nicolas
Puisoye; & en deuxiesmes, Iean
Calmeau : desquels elle eut les enfans cy apres cottez.

6. GVIL.

6. GVILLEMETTE PERROTTÉ eut pour mary Iean Puiſoye, ſur-nommé le Gros, fils de Pernet; & en eut les neuf enfans marquez en la page 14. PVISOYE, dit Gros Iean.

6. MARION PERROTTÉ eſpouſa Iean Puiſoye, dit le Petit, à la diſtinction du precedent; & en eut les enfans marquez en la page 56. PVISOYE, dit petit Iean.

6. GVILLAVME PERROTTÉ fut mariée auec d'où vindrent les enfans mention-nez en la page 75.

— 6. *Enfans de ladite Catherine Perrotté, & dudit Nicolas Puiſoye ſon premier mary.*

7. PHILIPPES PVISOYE eſpouſa Eſtienne Fleury, dont les deſcendans ſont demeurans à Ville-neufue le Roy. FLEVRY.

Autres enfans de ladite Catherine Perrotté, & de Iean Calmeau ſon ſecond mary.

7. IEANNE CALMEAV, femme de Claude le Grand, a laiſſé trois LE GRAND.

B

enfans, à ſçauoir,

BACHELLIER.

8. CATHERINE LE GRAND, qui eſpouſa Guillaume Bachellier, en eut les 3. enfans cottez cy-apres.

BOVRDOIS.

8. MARGVERITE LE GRAND, femme de Nicolas Bourdois, n'eut qu'vn fils, marqué en la page 13.

GVINGAN.

8. IEAN LE GRAND eſpouſa Marie Guingan, & en eut les en- fans cy-apres, page 13.

8. *Enfans de ladite Catherine le Grand, & dudit Guillaume Ba- chelier ſon mary.*

L'HVILLIER.

9. CATHERINE BACHELLIER, femme d'Edme L'huillier, ne laiſſa qu'vne fille, cy-apres

BLANCHARD.

9. PIERRE BACHELLIER, eſpouſa en premieres nopces Marie Blanchard, & en eut deux fils.

RIVIERE.

9. IEAN BACHELLIER eſpou- ſa Marie Riuiere, & n'en eut qu'vne fille, marquée cy-apres, page 12.

——— 9. *Enfans de lad. Catherine Bachelier,*
& dudit Edme L'huillier son mary.

10. MARIE L'HVILLIER,
femme d'Estienne Maure,   MAVRE.

——— 9. *Enfans dudit Pierre Bachelier &*
de ladite Marie Blanchard sa
premiere femme.

10 PIERRE BACHELIER a épousé
Marguerite Badenier, dont il a des BADENIER,
enfans marquez apres leur oncle.

10. CLAVDE BACHELIER.

——— 10. *Enfans dudit Pierre Bachelier &*
de ladite Marguerite Badenier
sa femme.

11. PIERRE BACHELIER.

B ij

11. IEANNE BACHELIER,

11. MARGVERITE BACHELIER,

—— 9. *Fille du fufdit Iean Bachelier & de Marie Riuiere fa femme.*

DE LA MARE.

10. CATHERINE BACHELIER époufa Pierre Zacharie de la Mare, Preuoft de Senain, dont elle eut trois enfans: à fçauoir,

11. CATHERINE de la MARE,

11. MARIE de la MARE,

11. LOVISE de la MARE,

—— 8. *Fils de la fufdite Margueritte le Grand, & de Nicolas Bourdois fon mary.*

9. NICOLAS BOVRDOIS épousa
Sarazin, ditte Doüard,   SAZARIN,
dont il a   ditte Doüard.

10.   BOVRDOIS.

8. *Enfans du fufdit Iean le Grand*
& de Marie Guingan fa femme.

9. IEAN LE GRAND épousa Iean-
ne Bailly, d'où vindrent les enfans BAILLY.
cy-apres cottez.

9. CATHERINE LE GRAND.

9. MARGVERITE LE GRAND.

9. IEANNE LE GRAND.

9. LOVIS LE GRAND.

9. *Enfans dudit Iean le Grand, &*

B iij

de ladite Ieanne Bailly sa femme.

10. IEAN LE GRAND.

10. CHARLOTTE LE GRAND.

6. Enfans de la susditte Guillemette Perrotté & de gros Iean Puisoye son mary.

BEIARD.

7. PHILIPPES PVISOYE épousa Louis Bejard fils de Guillaume, nommé dans la Coustume de Troyes, & en eut cinq enfans marquez en la page. 16.

BEIARD.

7. IEANNE PVISOYE femme de Nicolas Bejard marchand , bourgeois de   dont elle n'eut qu'vne fille cottée en la page. 27.

7. CATHERINE PVISOYE épousa

Felix Meróft, auſſi Marchand, & en MEROST.
eut les enfans marquez en la page. 33.

7. MARIE PVISOYE femme d'E-
me Thoüin bourgeois de Ville- THOVIN.
neufve le Roy, eut les enfans cottez
en la page. 39.

7. NOEL PVISOYE épouſa Cathe-
rine Chreſtien, de la ville d'Auxer- CHRESTIEN.
re, dont les enfans ſont en la page. 42

7. ANDRE' PVISOYE Marchand
Bourgeois de Ioigny, ſurnommé le
pere des Pauures, fut tué le 22. Nouembre 1591. lors que ladite Ville THOVIN.
fut petardée, & laiſſa de Claude
Thoüin ſa femme, les enfans nommez en la page. 49.

7. CLAVDINE PVISOYE femme GRENON.
de Iean Grenon

7. PERRETTE PVISOYE épouſa
François Delié, demeurant à Vil- DELIE'.
leneufue le Roy.

7. GVILLEMETTE PVISOYE fem-
me de Noel le Moce, Procureur au- LE MOCE.
dit lieu.

—— 7 . *Enfans de ladite Philippes Puisoye,*
& de Louis Bejard son mary.

FEMIS.

8. IEAN BEJARD épousa Anne Femis de Toussy, & n'en eut qu'vn fils, cy-apres.

DE LA MARE.

8. FELIX BEJARD maistre Apoticaire à Ioigny, épousa Guillemette de la Mare, dont il eut les enfans mentionnez en la page . 18

CHAPPEAV.

8. IEANNE BEJARD femme d'Adam Chappeau, a laissé les enfans cotez en la page . 19 .

ROVELLE.

8. CATHERINE BEJARD épousa Iean Roüelle Procureur à Dimon, & en eut les enfans nommez en la page . 26 .

8. LOVIS BEJARD Procureur à Sainct Iulien du Saut, épousa & en eut les enfans marquez en la page . 27 .

—— 8 . *Fils dudit Iean Bejard, & de ladite Anne Femis sa femme.*

MOREAV.

9. LOVIS BEJARD Procureur à Ioigny, est marié auec Anne Moreau, dont il a 10 .

10. MAGDELAINE BEJARD femme
de Iean Nau, bourgeois de Paris,
dont elle a les enfans cy-apres   NAV.

10. EDMEE BEJARD époufa Pierre Hay marchand demeurant à
dont elle a les enfans cot-   HAY.
tez en la page 18.

10. CLAVDE BEJARD mort fans
enfans.

10. *Enfans de ladite Magdelaine*
Bejard & dudit Iean-Nau,
fon mary.

11.   NAV.

11.   NAV.

C

—— 10. *Enfans de ladite Edmée Bejard, & dudit Pierre Hay son mary.*

11.   HAY.

11.   HAY.

—— 8. *Enfans dudit Felix Bejard, & de ladite Guillemette de la Mare sa femme.*

9. Messire IEAN BEJARD Prestre Curé de sainct André de Ioigny, fut maintenu en la possession de ladite Chappelle des PORCHERS par Sentence des Presidiaux de Troyes, du 19. Nouembre 1618. sur la nomination de Messieurs Budé, du 7. Mars precedent. Il fut aussi pourueu de la Chappelle ditte des MATIGNONS, dont sera ci-apres fait mention.

9. ESTIENNE BEJARD Maiſtre
Apoticaire, n'a point d'enfans.

9. NICOLLE BEJARD eſt mariée
auec   Bruneau, demeurant BRVNEAV.
à Sainct Florentin.

9. ANNE BEJARD a eſpouſé An-
toine de la Mare, dont elle a les en- DE LA MARE.
fans qui ſuiuent.

10.   DE LA MARE.

10.   DE LA MARE.

8. *Enfans de ladite Ieanne Bejard,*
& dudit Adam Chappeau ſon mary.

9. LIESSE CHAPPEAV eſpouſa
Iean Blanchard Marchand de Vins BLANCHARD,
demeurant audit Ioigny ; & en eut
les quatre enfans cy-apres.

C ij.

cureur, a espousé Edmée Tulou, TVLOV, dont il a deux enfans, page 24.

—— 10. *Enfans dudit Nicolas Blan-chard, & de ladite Ieanne Perrotté sa femme.*

11. ZACHARIE BLANCHARD.

11. GVILLEMETTE BLANCHARD femme de Iacques Iulliotte le jeu- IVLIOTTE, ne, dont elle a des enfans, page 22.

11. ANNE BLANCHARD.

11. IEAN BLANCHARD.

11. IACQVES BLANCHARD est à present Chappelain de ladite Cha-pelle des PORCHERS, & encor de celle des MATIGNONS.

11. GENEVIEFVE BLANCARD.

11. NICOLAS BLANCHARD.

11. CLAVDE BLANCHARD.

11. LOVIS BLANCHARD.

11. EDME'E BLANCHARD.

——— 11. *Enfans de ladite Guillemette Blanchard, & dudit Iacques Iulliotte son mary.*

12.   IVLLIOTTE.

12.   IVLLIOTTE.

———10. *Enfans dudit Iean Blanchard, & de ladite Geneviefve Perrotté sa femme.*

11. MARIE BLANCHARD.

11. IEAN BLANCHARD.

11. ZACHARIE BLANCHARD.

11. LOVIS BLANCHARD.

I. EDME BLANCHARD.

10. Enfans de ladite Françoise Blanchard & dudit Iean Tulou son mary.

II. EDMEE TVLOV.

II. PIERRE TVLOV.

II. LIESSE TVLOV.

II. FRANÇOISE TVLOV.

——— 10. Enfans dudit Pierre Blanchard, & de ladite Edmée Tulou sa femme.

11. ROGER BLANCHARD.

11. ANNE BLANCHARD.

——— 9. Filles de ladite Estiennette Chappeau, & dudit Pierre Coupault son mary.

MAISTRE.

10. FRANÇOISE COVPAVLT femme d'Edme Maistre n'a point d'enfans.

BOVSSVAT.

10. LIESSE COVPAVLT épousa Pierre Boussuat, & en eut les quatre enfans cy-apres.

10. CHARLOTTE COVPAVLT.

10. IEANNE COVPAVLT.

10 Les

—— 10. *Enfans de ladite Liesse Coupault,*
& dudit Pierre Boussuat
son mary.

11. I E A N N E B O V S S V A T.

11. P I E R R E B O V S S V A T.

11. S A V I N I E N B O V S S V A T.

11. E D M E B O V S S V A T.

—— 9. *Enfans de ladite Anthoinette*
Chappeau, & dudit Edme Droüyn
son mary.

10. I E A N N E D R O V I N femme de
Iacques Blanchard, fils de Iean, for-
ty d'vne autre lignée que les autres
Blanchards, cy deuant nommez. BLANCHARD.

10. P I E R R E D R O V Y N.

0. M A R I E D R O V Y N.

D

———— 9. Enfans de ladite Ieanne Chappeau
& dudit Iean Badenier
son mary.

10. MARGVERITTE BADENIER
fut femme de Pierre Bachelier, dont
la posterité est cy-deuant enoncée
page 11.

10. PIRRE BADENIER a espousé
Anne Naudot de Cefy.

NAVDOT.

———— 8. Enfans de ladite Catherine Bejard,
& dudit Iean Roüelle son mary.

9. CLAVDE ROVELLE demeu-
rant à Ville-neufue le Roy, espousa   & en eut les enfans qui suiuent.

————————

10.   ROVELLE.

10.   ROVELLE.

— 8. *Enfans dudit Louys Bejard, & de*
sa femme.

9. BEIARD femme de
Pierre Bouuier, dont elle eut des en- BOVVIER:
fans.

9. IEAN BEIARD épousa Anne Ha- HATIN.
tin, fille du sieur du Buisson, dont il
eut les enfans qui suiuent.

10   BEIARD.

10   BEIARD femme de
Iean Leuesque de Cesy.   LEVESQVE.

10   BEIARD épousa
Iean Roy.   ROY.

10   BEIARD mariée
auec   Chalons Pro-
cureur Fiscal à Villiers sur Thollon. CHALONS.

— 7. *Enfans de la susditte Ieanne Pui-*
soye, & dudit Nicolas Bejard
son mary.

8. ANTOINETTE BEIARD épou-
sa en premieres nopces Iean Perrot- PERROTTE:

PVISOYE.

té, & en deuxiefme Iean Puifoye, les enfans de fon premier mariage furent,

———

9. IEANNE PERROTTE' femme de Iean Iacquinet Aduocat & Procureur Fifcal General au Comté de Ioigny, dont elle eut les enfans marquez apres leur oncle.

IACQVINET.

9. ZACHARIE PERROTTE' Aduocat, époufa Geneviefve Gauthier, & en eut fix enfans, page 31.

GAVTHIER.

——— 9. *Enfans de ladite Ieanne Perrotté,* & *dudit Iean Iacquinet fon mary.*

10. CLAVDE IACQVINET, fieur de l'Efpanche a fuccedé à fon pere en l'Office d'Aduocat & Procureur Fifcal General audit Comté de Ioigny, & a époufé Emerentienne Branché, dont il a les enfans nommez apres leur Oncle.

BRANCHE'.

10. IACQVES IAQVINET, Preuoft d'Alliant, a époufé Magdelaine Pierron, dont il a des enfans, page 30.

PIERRON.

—10. *Enfans dudit Claude Iacquinet,*
& de ladite Emerentienne Branché
sa femme.

11. IEAANNE IACQVINET, fem-
me de Iean Lemeur, dont elle a les   LEMEVR.
enfans cy - apres.

11. CLAVDE IACQVINET.

11. MARIE IACQVINET.

11. ANNE IACQVINET.

11. MAGDELAINE IACQVINET.

11. PHILIPPES IACQVINET.

11. IEAN IACQVINET.

11. PIERRE IACQVINET.

11. EMERENTIENNE IACQVINET.

—11. *Enfans de ladite Ieanne Iacqui-*
net, & dudit Iean Lemeur
son mary.

12.   LEMEVR.

D iij

————10. *Enfans dudit Iacques Iacquinet,
& de ladite Magdelaine Pierron
sa femme.*

11. IEANNE IACQVINET.

11. EMERENTIENNE IACQVINET.

11. IACQVES IACQVINET.

_9. Enfans du fufdit Zacharie Per-
té, & de ladite Geneviefve Gauthier
fa femme._

10. IEANNE PERROTTE' épou-
fa Nicolas Blanchard, dont la pofterité eft cy-deuant deduitte, page 21.

10. GENEVIEFVE PERROTTE',
femme de Iean Blanchard, frere
puifné dudit Nicolas, eut les enfans
marquez cy-deuant, page 22.

10. ESTIENNE PERROTTE',
Aduocat à Ioigny, époufa Philip-
pes Delon, d'où vint Louis Perrot-   DELON.
té, qui mourut apres fon pere, l'an

10. FLORENCE PERROTTE'   CHOLLET.
eft femme de Louis Chollet Procureur en ladite ville, dont elle a les enfans cy-apres.

10. PIERRE PERROTTE' demeu-
rant à Paris, a efté pourueu defdites
Chappelles des PORCHERS & des
MATIGNONS depuis le fufdit Iean
Bejard.

10. MARGVERITE PERROTTE'
est femme d'Edme Nau, & en a les
enfans cy-apres.

10. NICOLAS PERROTTE' n'est
point marié.

———10. Enfans de ladite Florence Perrotté, & dudit Louis Chollet
son mary.

11. IEANNE CHOLLET.

11. LOVIS CHOLLET.

———10. Enfans de ladite Margueritte
Perrotté, & dudit Edme Nau
son mary.

11. ZACHARIE NAV.

11. GENEVIEFVE NAV.

11. CLAVDE NAV.

11. NICOLAS NAV.

7 Enfans

——— 7. Enfans de la fufdite Catherine Puifoye, (troifiéme fille de gros Iean) & de Felix Meroft fon mary.

8. LOVIS MEROST époufa
   dont il eut les quatre enfans qui fuiuent.

9. FELIX MEROST demeurant à
   Ioigny, époufa   Mer-   MERLIN.
   lin, & en eut les enfans cy-apres.

9. LOVIS MEROST fut conjoint
   auec Margueritte Puyfoye, & en PVISOYE.
   eut les enfans nommez en la p. 35.

9. IEANNE MEROST femme d'An-
   dré Coquart, en a eu les enfans COQVART.
   cy-pres page 35.

9. NICOLE MEROST époufa Iean
   Ferrand Procureur, dont elle eut FERRAND.
   des enfans page 38.

——— 9. Enfans dudit Felix Meroft, & de ladite   Merlin sa femme.

10. LOVIS MEROST eft marié auec
    Marie Paleau, dont il a les enfans PALEAV.

                                    E

marquez apres leur tante.

10. LAVRENCE MEROST femme
d'André Paleau Procureur.

PALEAV.

———— 10. *Enfans dudit Louis Meroſt, &*
de ladite Marie Paleau
ſa femme.

11. MARGVERITE MEROST.

11. MARIE MEROST.

11. LAVRENCE MEROST.

11. ESTIENNE MEROST.

11. LOVIS MEROST.

11. IEANNE MEROST.

11. GENEVIEFVE MEROST.

—— 10. *Enfans de ladite Laurence Me roſt, & dudit André Paleau ſon mary.*

11. MARIE PALEAV.

11. IEANNE PALEAV.

——9. *Enfans dudit Louis Meroſt, & de Marguerite Puiſoye ſa femme.*

10. MARIE MEROST femme de Iean Bouſſuat.　　　BOVSSVAT.

10. LAVRENCE MEROST.

10. CLAVDE MEROST n'eſt point encor mariée.

——10. *Enfans de ladite Marie Meroſt, & dudit Iean Bouſſuat ſon mary.*

11. IEANNE BOVSSVAT.

11. IEAN BOVSSVAT.

——9. *Enfans de ladite Ieanne Meroſt, & dudit André Coquard ſon mary.*

10. LAVRENCE COQVART fem-
　　　　　　　E ij

DV SAVSOY.

me de Iean du Saufoy, dont elle a eu trois enfans cy-apres marquez.

SALMON.

10. ANDRE' COQVART, époufa Salmon, dont il a eu fes enfans cottez en la page 38.

PICARD.

10. CATAERINE COQVART femme d'Eftienne Picard, d'où font iffus les enfans cy-apres page 38.

DVCLOS.

10. LOVIS COQVART époufa Anne Duclos.

10. IEAN COQVART Preftre.

———10. *Enfans de ladite Laurence Coquart, & dudit Iean Dufaufoy fon mary*,

VAZIN.

11. EDME DVSAVSOY a époufé marie Vazin, & en a les enfans cy-apres.

PERILLE.

11. IEAN DVSAVSOY Greffier en la Preuofté de Ioigny, eft marié auec Ieanne Perille, & en a les enfans cy-apres.

11. ANNE DVSAVSOY.

11. Enfans dudit Edme Dusausoy,
& de ladite Marie Vazin
sa femme.

12. IEANNE DVSAVSOY.

12. MAXIMILIAN DVSAVSOY.

11. Enfans dudit Iean Dusausoy, &
de ladite Ieanne Perille
sa femme.

12. MARIE DVSAVSOY.

12. LAVRENCE DVSAVSOY.

12. CHARLES DVSAVSOY.

———— 10. *Enfans dudit André Coquart,*
& de ladite   Salmon
sa femme.

11.   COQVART.

11.   COQVART.

———— 10. *Enfans de ladite Catherine Co-*
quart, & dudit Estienne Picard
son mary.

11.   PICARD.

11.   PICARD.

———— 9. *Enfans de ladite Nicole Merost,*
& dudit Iean Ferrand
son mary.

10. FIACRE FERRAND Maistre
Chirurgien, a épousé en premieres

nopces   Chollet, & en **CHOLLET.**
fecondes   Michel, dont **MICHEL.**
il a des enfans.

10.   FERRAND.

10.   FERRAND.

———7. *Enfans de la fufditte Marie Pui-*
foye, (quatriéme fille de gros Iean)
& dudit Edme Thoüyn fon mary.

8. AVGVSTIN THOVIN Lieutenant en l'Eſlection de Ioigny, époufa   & en eut les
trois enfans qui fuiuent.

9. MARIE THOVIN, femme de
Hierofme Benoiſt, Bailly de Sainct   BENOIST.
Florentin, dont elle eut les enfans
cy-apres.

9. AVGVSTIN THOVIN Control-

leur des deniers communs de ladite
Ville de Ioigny, épousa Gabrielle
Arnaud, & en eut enfans page 41.

ARNAVLD.

9. EDME THOVIN, Lieutenant
en l'Ellection dudit Ioigny, fut conjoint auec Marie Martineau, dont il
n'a laissé qu'vne fille, page. 41.

MARTINEAV.

———— 9. Enfans de ladite Marie Thoüin,
& dudit Hierofme Benoift
fon mary.

10. MARIE BENOIST femme de
François Regnard Bourgeois de
Ioigny, d'où font iffus les enfans
cy-apres.

REGNARD.

10.   BENOIT.

10.   BENOIT.

————10. Enfans de ladite Marie Benoift,
& dudit François Regnard
fon mary.

11.   REGNARD.

11.   REGNARD.

41

—— *9. Enfans dudit Auguftin Thoüyr.*
& de ladite Gabrielle Arnaud
fa femme.

10.   T H O V I N femme de
             Perret Aduocat, d'où **PERRET**
font venus les enfans cottez apres
leur oncle.

10. A V G V S T I N T H O V I N.

—— 10. *Enfans de ladite*
Thoüin, & dudit   *Perret*
            fon mary.

11.   P E R R E T.

11.   P E R R E T.

——*9. Filles dudit Edme Thoüin & de*
ladite Marie Martineau
fa femme.

10. E D M E E T H O V I N femme de
F

LAVVERIAT.   Germain Lauuerjat Aduocat à Auxerre, d'où font yffus

11.   LAVVERJAT.

11.   LAVVERJAT.

———7. *Enfans du fufdit Noël Puifoye fils aif-*
né de Gros Iean, & de Charlotte
Chreftien fa femme.

BOYROT.   8. LOVP PVISOYE demeurant à
Auxerre, époufa Ieanne Boyrot, &
en eut les enfans cy-apres.

DEMAS.   8. LAVRENCE PVISOYE femme de Pierre Demas, maiftre des
Eaux & Forefts dudit Comté de Ioigny, dont elle eut quatre enfans, page 43.
———8. *Enfans dudit Loup Puifoye, & de*
ladite Ieanne Boyrot fa femme.

RAGOT.   9. LOVP PVISOYE époufa Anne Ragot, dont il eut le fils cy-apres.

DEGVY.   9. IEANNE PVISOYE femme de
Nicolas de Guy Medecin à Auxerre,
d'où font venus les enfans cy-apres.

———9. *Enfans dudit Loup Puiſoye, & de ladite Anne Ragot ſa femme.*

10. CLAVDE PVISOYE eſt Religieux Recollé.

———9. *Enfans de ladite Ieanne Puiſoye, & dudit Nicolas de Guy ſon mary.*

10.   DE GVY auſſi Religieux Recollé.

10.   DE GVY femme de

———8. *Enfans de ladite Laurence Puiſoye, & dudit Pierre Demas ſon mary.*

9. IEAN DEMAS Notaire au Chaſtelet de Paris, a épouſé Marie Chapelain, ſœur de Monſieur Chapelain, l'vn des plus beaux & plus iudicieux Eſprit de ce temps, dont il a les trois

enfans cy-apres.

CHARLES.
BERGER.

9, FRANÇOISE DEMAS epousa en premiere nopces François Charles, & en secondes François Berger, desquels elle a eu des enfans, page 45.

REGNAVLT.

9. MARIE DEMAS femme d'Amy Regnault, dont elle a des enfans, page 47.

BOVRGEOIS.

9. CLAVDE DEMAS sieur du Chastegné, commis à la recepte des Tailde l'Eflection de Ioigny, a épousé Françoise Bourgeois, & en a des enfans, page 48.

——9. Enfans dudit Iean Demas, & de ladite Marie Chapelain sa femme.

MENARD.

10. MARIE DEMAS femme de Claude Menard Notaire au Chastelet de Paris, en a des enfans cyapres.

10. IEAN DEMAS, nay l'an 1634.

10. FRANÇOIS DEMAS, nay l'an 1637.

━10. *Enfans de ladite Marie Demas,*
  & dudit Claude Menard ſon mary.

11. CLAVDE MENARD, nay l'an
  1646.

11. MARIE MENARD, née l'an
  1647.

11. IEAN MENARD.

━9. *Enfans de ladite Françoiſe Demas,*
  & dudit François Charles ſon pre-
  mier mary.

10. LOVIS CHARLES n'eſt point
  marié.

10.   CHARLES a épouſé
  Pierre le Beuf, & en a des enfans LEBEVF.
  page 46.

10. MARGVERITE CHARLES femme
                    F iij

de   Berger (frere de François) demeurant à S. Florentin.

Autres enfans de ladite Françoise Demas,
& dudit François Berger son deu-
xiéme mary.

10. NICOLAS BERGER.

10. EDME BERGER.

10. TANNEGVY BERGER.

10   BERGER.

10.   BERGER.

———— 10. *Enfans de ladite*
Charles, & dudit Pierre le Beuf
son mary.

11. IACQVES LE BEVF.

11. CLAVDE LE BEVF.

11. FRANÇOISE LE BEVF.

——— 9. *Enfans de ladite Marie Demas,*
& dudit Amy Regnault
son mary.

10. ANNE REGNAVLT femme
de Michel Raboüin, en a eu les en- RABOVIN.
fans cy-apres.

10. LAVRENCE REGNAVLT a
époufé Pierre Pelletier, dont elle a PELLETIER.
eu des enfans, page 48.

10. MARIE REGNAVLT.

10. EDMEE REGNAVLT.

———10. *Enfans de ladite Anne Regnault,*
& dudit Michel Raboüin son mary.

11. AMY RABOVIN.

11. IEAN RABOVIN

11. MARIE RABOVIN.

11. CLAVDE RABOVIN.

——— 10. *Enfans de ladite Laurence Regnault, & dudit Pierre Pelletier son mary.*

11. CLAVDE PELLETIER.

11. MARIE PELLETIER.

——— 9. *Enfans dudit Claude Demas, & de ladite Françoise Bourgeois sa femme.*

10. CLAVDE DEMAS.

10. IEAN DEMAS.

10. LOVIS DEMAS.

10. FRANÇOIS DEMAS.

10. LAVRENCE DEMAS.

10. MARGVERITTE DEMAS.

10.

10. PIERRE DEMAS.

10. CHARLOTTE DEMAS.

───7. *Enfans du sufdit André Puifoye*
(fils du Gros Iean) & de Claude Thoüin
fa femme.

8. IEAN PVISOYE époufa Marie MARCHANT.
Marchant, dont il y eut les trois enfans marquez apres leur tante.

8. CATHERINE PVISOYE fem-
me de Louis Perille Efleu & Con- PERILLE.
trolleur pour le Roy en l'Eflection
de Ioigny, dont elle eut des enfans,
page, 53.

───8. *Enfans dudit Iean Puifoye, & de*
Marie Marchant fa femme.

9. CLAVDE PVISOYE a des en-
fans de Charles Pelerin fon mary, PELERIN.

G

cottez cy-apres.

BOVCHER.
PRIVE'.

9. ANNE PVISOYE épousa en premieres nopces Nicolas Boucher, & en deuxiéme Charles Priué, desquels elle eut les enfans, cy-apres.

LVILLIER.

9. MARIE PVISOYE, femme de Ambroise Luillier, Conseiller du Roy au Siege Royal de Ville-neuf-ue le Roy.

——— 9. *Enfans de ladite Claude Puisoye, & dudit Charles Pelerin son mary.*

10. MARIE PELERIN.

10. GENEVIEFVE PELERIN.

10. ANNE PELERIN.

——— 9. *Enfans de ladite Anne Puisoye, & dudit Nicolas Boucher son premier mary.*

10. MARIE BOVCHER, femme de Iean Moreau, sieur de la Mottedrillat, d'où sont yssus les enfans cy-apres.

MOREAV.

Autres enfans de ladite Anne Puïsoye, &
dudit Charles Priué son deuxief-
me mary.

10. CHARLES PRIVE'.

10. IEAN PRIVE' a épousé Damoiselle

——— 10. *Enfans de ladite Marie Bou-*
cher, & dudit Iean Moreau
son mary.

11. MOREAV.

11. MOREAV.

11. MOREAV.

11. MOREAV.

————9. Enfans de ladite Marie Puiſoye,
& dudit Ambroiſe Luillier
ſon mary.

MAILLET.

10. MARIE LVILIER a épouſé
Maillet demeurant
à Paris.

CHARTIER.

10. LOVISE LVILIER femme de
Chartier demeurant auſſi à Paris.

GVYOT.

10. CECILE LVILIER a épouſé
Samuel Guyot Aduocat, & en a les
enfans cy-apres.

10. CHARLES LVILIER.

————10. Enfans de ladite Cecile Luillier,
& dudit Samuel Guyot
ſon mary.

11.　　　GVYOT.

11.　　　GVYOT.

8. Enfans de la susdite Catherine
Puisoye, & dudit Louis Perille
son mary.

9. IEAN PERILLE Aduocat à Troyes
épousa Anthoinette Gombault.   GOMBAVLT.

9. ANDRE' PERILLE Esleu à Ioigny,
fut marié auec Marthe Arnault, & ARNAVLT.
en eut trois enfans, page, 54.

9. LOVIS PERILLE, sieur de Moleron, aussi Esleu audit Ioigny, a
épousé Margueritte Arnault, dont ARNAVLT.
il y a des enfans, page, 55.

9. Enfans dudit Iean Perille, & de
ladite Anthoinette Gombault
sa femme.

10. NICOLAS PERILLE demeurant
à Nogent Sur-Aube.

10. LOVIS PERILLE.

10. LOVISE PERILLE épousa
Quinot.

10. CATHERINE PERILLE, fem-
me de   le Borgne, LE BORGNE.
G iij

———9. Enfans dudit André Perille, &
de ladite Marthe Arnault
ſa femme.

10. LOVIS PERILLE Conſeiller au
Preſidial de Troyes, a épouſé Anthoinette Vaudé, donr il a les enfans, cy-apres.

VAVDE'.

10. ANTHOINE PERILLE Pro-
cureur du Roy à Ville- Neufue le
Roy, eſt marié auec Eliſabet Baillot, dont il n'a point d'enfans.

BAILLOT.

10. CLAVDE PERILLE femme de
Louis de la Mare, Eſleu audit Ioigny, dont elle a les enfans cy-apres.

DE LA MARE.

———9. Enfans dudit Louis Perille, & de
ladite Anthoinette Vaudé
ſa femme.

11. PERILLE.

11. PERILLE.

10. Enfans de ladite Claude Perille, & dudit Louis de la Mare son mary.

11. DE LA MARE.

11. DE LA MARE.

9. Enfans dudit Louis Perille, sieur de Moleron, & de ladite Margueritte Arnault sa femme.

10. CATHERINE PERILLE.

10 MARIE PERILLE.

10. ELIZABETH PERILLE.

────── 6. *Enfans de la ſuſdite Marion Per-*
rotté, & de petit Iean Puiſoye
ſon mary.

MARCHANT.

7. IEAN PVISOYE épouſa Anne Marchant, dont il eut les quatre enfans qui ſuiuent.

BOVQVOT.

8. NICOLE PVISOYE femme de Iean Bouquot, en eut les enfans cy-ape s.

PERILLE.

8. GENEVIEFVE PVISOYE épouſa Iudes Perille, & en eut enfans, page. 61.

FERRAND.

8. IEANNE PVISOYE fut mariée auec Iean Ferrand, d'où vindrent les enfans cottez en la page. 66.

MVROT.

8. PHILIPPES PVISOYE femme de Claude Murot Grenetier au Grenier à Sel de Ioigny, & en eut deux fils, page. 73.

────── 8. *Enfans de ladite Nicole Puiſoye,* *& dudit Iean Bouquot ſon mary.*

9. SAVINIEN BOVQVOT a épouſé de la ville

ville de Troyes, & en a les enfans,
cy-apres.

9. ANNE BOVQVOT, femme de
Claude Thibaut, en a eu des enfans, THIBAVLT.
page 58.

9. CLAVDE BOVQVOT Controlleur au grenier à Sel de Ioigny, a
époufé Anne Arnault, & en a des ARNAVLT.
enfans, page 59.

9. GENEVIEFVE BOVQVOT, fem-
me d'Edme Chaillou Greffier an-CHAILLOV.
cien de l'Eflection de Ioigny, dont
elle a des enfans, page 60.

——— 9. Enfans dudit Sauinien Bouquot,
& de ladite
fa femme.

10.   BOVQVOT.

10. ANNE BOVQVOT a époufé Iean CHOVMEREAV.
Choumereau.

10.   BOVQVOT.

10.   BOVQVOT.

H

9. *Enfans de ladite Anne Bouquot,*
& dudit Claude Thibaut
son mary.

10. IEAN THIBAVLT Receueur de
Cordeille, a épousé   Badenier, & en a les enfans cy-apres.

BADENIER.

BYOT.

10. CLAVDE THIBAVLT est
marié auec   Byot.

10. *Enfans dudit Iean Thibault, &*
de ladite   Badenier
sa femme.

11.   THIBAVLT.

11.   THIBAVLT.

10. *Enfans dudit Claude Thibaut,*
& de ladite   Byot
sa femme.

11.   THIBAVLT.

9. *Enfans dudit Claude Bouquot,*
& ladite Anne Arnault sa femme.

10. NICOLE BOVQVOT femme
de Iacques Ferrand, Aduocat, en a   FERRAND.
eu les enfans cy-apres.

10. MARIE BOVQVOT.

10. IEAN-BAPTISTE BOVQVOT.

10. *Enfans de ladite Nicole Bouquot,*
& dudit Iacques Ferrand
son mary.

11. MARGVERITTE FERRAND.

11. ANNE FERRAND.

11. IACQVES FERRAND.

11. GABRIEL FERRAND.

11. FRANÇOISE FERRAND.

9. Enfans de ladite Geneuiefue Bou-
quot, & dudit Edme Chaillou
son mary.

10.   CHALLOV.

GIROVLT. 10. CHAILLOV a épousé Girouft, Bailly de S.
Aubin, Chafteau-neuf, dont elle a
eu les enfans qui fuiuent.

11.   GIROVST.

11.   GIROVST.

11.   GIROVST.

8. *Eûfans de la fufditte Geneuiefue Pnifoye, & de Iudes Perille fon mnry.*

9. IEAN PERILLE, dit le jeune, fut FAGOTEVX. marié auec Ieanne Fagoteux, dont il eut les fept enfans qui fuiuent, à fçauoir.

10. M. NICOLE PERILLE Curé de Fontenoüille.

10. CATHERINE PERILLE époufa Helie Roy, & en eut les enfans ROY. cy-apres.

10. IVDES PERILLE Aduocat à Troyes, époufa & en eut des enfans, page . 64 .

10. ESTIENNE PERILLE a épou-fé Marie Roncelain, & en a des en- RONCELAIN. fans, page 64.

10. IACQVES PERILLE époufa Edmée Graffin, & en a laifsé des en- GRASSIN. fans, page . 66.

10. ESTIENNE PERILLE, mort fans enfans.

H iij

10. LAVRENCE PERILLE femme d'Estienne Gauthier, dont est issuë Geneuiefue Gauthier, femme de Zacharie Perrotté, mentionné en la page 28.

GAVLTHIER.

— 10. *Enfans de ladite Catherine Perille, & dudit Helie Roy son mary*.

11. IEANNE ROY, femme de Zacharie Arnault, Bourgeois d'Auxerre, dont elle a les enfans cy-apres.

11. HELIE ROY, marié auec Ieanne Colas, dont il a des enfans, page 63.

COLAS.

11. IEAN ROY a épousé Marie Colas, & en a des enfans, page 64.

COLAS.

11. GENEVIEFVE ROY.

11. CLAVDE ROY.

11. IVDE ROY, Garde du Corps de sa Majesté, a épousé Marie Gratien.

GRATIEN.

11. MARIE ROY.

11. Enfans de ladite Ieanne Roy, &
& dudit Zacharie Arnaud
son mary.

12.   ARNAVT.

12.   ARNAVT.

12.   ARNAVT.

11. Enfans dudit Helie Roy, & de
ladite Ieanne Colas sa femme.

12.   ROY.

12.   ROY.

12.   ROY.

———— 11. *Enfans dudit Iean Roy, & de ladite Marie Colas sa femme.*

12.   R O Y.

12.   R O Y.

———— 10. *Enfans dudit Iudes Perille, & de ladite* ~~Gratien~~ *sa femme.*

11.   PERILLE Aduocat.

11.   P E R I L L E.

———— 10. *Enfans dudit Estienne Perille, & de ladite Marie Roncelain sa femme.*

LEVERT.   11. CATHERINE PERILLE femme d'Helie Leuert Maistre Chirurgien, dont elle a les enfans cy-apres.

11. IEAN PERILLE.

11. IEAN-

11. IEANNE PERILLE a épousé Iean Dusausoy, cy-deuant mentionnée, DVSAVSOY. page 36.

11. MARIE PERILLE.

11. FRANÇOISE PERILLE.

11. MARTHE PERILLE.

11. MARIE PERILLE.

11. *Enfans de ladite Catherine Perille, & dudit Helie Leuert son mary.*

12. ESTIENNE LEVERT.

12. NICOLE LEVERT.

12. MARIE LEVERT.

10. *Enfans dudit Iacques Perille, &*
de ladite Edmée Graßin
sa femme.

11.   PERILLE.

11.   PERILLE.

8. *Enfans de la sußdite Ieanne Pui-*
soye, & dudit Iean Ferrand
son mary.

ROY.

9. FIACRE FERRAND (dit le Bre-
ton) épousa Nicolle Roy , & en eut
six enfans, marquez apres leur oncle.

DELVC.

9. NICOLAS FERRAND Lieutenant
au grenier à sel de Ioigny , épousa
Elizabeth Deluc , dont il eut neuf
enfans, page 70.

9. *Enfans dudit Fiacre Ferrand , &*
& de ladite Nicole Roy sa femme,

LEBEVF.

10. EDMEE FERRAND , femme de
Sauinien le Beuf , en a des enfans,
page 67.

CYMART.

10. MARIE FERRAND a épousé
Iacques Cymard fils de Ioseph, dont

elle a des enfans, page 68.

10.   FERRAND fut alliée
auec   Chauuot de Touffi, CHAVVOT.
& en a laiſsé des enfans, p. 68.

10. ESTIENNE FERRAND a épouſé
MargueritteHay, & en a des enfans, HAY.
page 69.

10.   FERRAND femme
d'André Leuert, dont elle a des en- LEVERT.
fans, page 69.

10.   FERRAND a des en-
fans de Louys Leuert Maiſtre Apo- LEVERT.
thicaire ſon mary, page 70.

———— 10. *Enfans de ladite Edmée Fer-*
rand, & dudit Sauinen le Beuf
ſon mary.

11.   LEBEVF.

11.   LEBEVF.

I iij

———10. Enfans de ladite Marie Ferrand,
& dudit Iacques Cymard
fon mary.

I.   C Y M A R D.

II.   C Y M A R D.

———10. Enfans de ladite
Ferrand, & dudit
Chauuot fon mary.

I.   C H A V V O T.

II.   C H A V V O T.

—— 10. *Enfans dudit Eſtienne Ferrand,*
& de ladite Margueritte Hay
ſa femme.

11.   FERRAND.

11.   FERRAND.

—— 10. *Enfans de ladite*
Ferrand, & dudit André Leuert
ſon mary.

11.   LEVERT.

11.   LEVERT.

—— 10. *Enfans de ladite*
Ferrand, & dudit Louis Leuert
ſon mary.

9. Enfans dudit Nicolas Ferrand,
& de ladite Elizabet Deluc
sa femme.

10. GEORGES FERRAND.

LEGERON.   10. ANNE FERRAND femme d'Edme Legeron, dont elle a six enfans,
page suiuante.

10. RENE' FERRAND, Religieux
Minime.

CHACHERE'.   10. NICOLAS FERRAND Docteur
en Medecine a épousé Marie Cha-
cheré d'Auxerre.

PIOCHARD.   10. PIERRE FERRAND a épousé Marie Piochard, dont il a vn fils, p. 72.

10. ELIZABETH FERRAND femme

de Saüinien de la Mare, dont elle **DELAMARE.**
a des enfans, page 72.

10. FRANÇOISE FERRAND a épou-
sé Iean Merlin, dont elle a des en- **MERLIN.**
fans, page 73.

10. EDME FERRAND.

10. IEAN FERRAND.

———10. *Enfans de ladite Anne Ferrand,*
& dudit Edme Legeron son mary.

11. ELIZABET LEGERON.

11. IEAN LEGERON.

11. PHILEBERTHE LEGEON.

11. FLORENTIN LEGERON.

11. LOVIS LEGERON.

11.   LEGERON.

———10. *Enfant dudit Pierre Ferrand, &*
& de ladite Marie Piochard
sa femme.

II. IACQVES FERRAND.

———— 10. *Enfans de ladite Elizabet Ferrand, & dudit Sauinien de la Mare son mary.*

11. SAVINIEN DELAMARE.

11. ELIZABET DELAMARE.

11. ANTHOINETTE DELAMARE.

11. IEAN DELAMARE.

11. EDME-SAVINIEN DELAMARE.

———— 10. *Enfans de ladite Françoise Ferrand, & dudit Iean Merlin son mary.*　　　11. MA-

11. MARIE-MAGDELAINE MERLIN.

11.   MERLIN.

——— 8. *Enfans de la fufditte Catherine*
Puifoye, & de Claude Murot
fon mary.

9. CLAVDE MVROT premier Efleu
Affeffeur à Ioigny, époufa Nicole
Arduife, dont il eut quatre enfans
nommez apres leur oncle.   ARDVISE.

9. PHILIPPES MVROT, fut premierement Controolleur ordinaire des
guerres, puis Chapelain de ladite
Chapelle des PORCHERS.

——— 9. *Enfans dudit Claude Murot, &*
de ladite Nicole Arduife
fa femme.

10. MARIE MVROT femme de
Pierre Priué, fieur du Boulet.   PRIVE'.

10. IEAN MVROT. premier Efleu
Affeffeur audit Ioigny, époufa Magdelaine Branché, dont il y a trois BRANCHE'.
enfans page fuiuante.

K

10. EDME MVROT sieur du Iaffort, fut marié auec   de la Chasse de la ville d'Auxerre.

DELACHASSE.

BRANCHE'.

10. CLAVDE MVROT femme de Pierre Branché, Controlleur au grenier à sel de Ioigny, en a eu les enfans cy-apres.

————10. *Enfans dudit Iean Murot, &* *de ladite Magdelaine Branché* *sa femme.*

11. CLAVDE MVROT.

11. IEAN-BAPTISTE MVROT.

11. PIERRE MVROT.

————10. *Enfans de ladite Claude Murot,* *& dudit Pierre Branché* *son mary.*

11. CLAVDE BRANCHE' femme

11. IEAN BRANCHE'.

11.   BRANCHE'.

11.   BRANCHE'.

——— 6. *Enfans du susdit Guillaume Per-*
rotté, et de
sa femme.

7. NICOLE PERROTTE' épousa
Iean Hatin, & en eut deux enfans,   HATIN.
à sçauoir,

———

8. IEAN HATIN Procureur à Ioigny, épousa
& en eut les enfans cy-apres.

8. ANNE HATIN femme d'Helie   LECLERC,
le Clerc, dit Ragon, n'en eut que   dit Rag
la fille cy-apres. 76.

——— 8. *Enfans dudit Iean Hatin, & de*
ladite
sa femme.

9. LOVISE HATIN femme de
François Gratien, d'où vindrent les   GRATIEN.
enfans, cy-apres.

9.   HATIN.

——— 9. *Enfans de ladite Louise Hatin,*
& dudit François Gratien
son mary.

K ij

ROY.

10. MARIE GRATIEN épousa Iudes Roy, Garde du Corps de sa Majesté, mentionné en la page 62.

10. IEAN GRATIEN.

—— 8. *Fille de ladite Anne Hatin, & dudit Helie le Clerc, dit Ragon, son mary.*

9. NICOLE LECLERC, ditte Ragon, épousa Nicolas Leuert Maistre Apoticaire à Ioigny, d'où vindrent,

LEVERT.

10. ANNE LEVERT femme d'Edme du Puis, Procureur, qui en eut les enfans cy-apres.

DVPVIS.

10. IEAN LEVERT fut marié auec dont il a des enfans, page 78.

10. LOVIS LEVERT épousa
Ferrand, dont il eut les enfans cottez cy-deuant en la page 70. FERRAND.

10. HELIE LEVERT fut marié auec
Catherine Perille, & en eut les enfans auſſi nommez cy-deuant, page 65. PERILLE.

10. ANDRE' LEVERT épousa
Ferrand ſa belle-ſœur,
d'où vindrent les enfans mention-
nez cy-deſſus en la page 69. FERRAND.

10. *Enfans de ladite Anne Leuert,*
& dudit Edme Dupuis
ſon mary.

11. NICOLAS DVPVIS.

11. LVCRESSE DVPVIS.

11. NICOLE DVPVIS.

11. EDME DVPVIS.

11. ANTHOINETTE DVPVIS.

11. MARIE DVPVIS.

11. ANNE-MARGVERITE DVPVIS.

——10. Enfans dudit Iean Leuert, &
de ladite
ſa femme.

11.   LEVERT.

11.   LEVERT.

DEVXIESME
BRANCHE
DE CETTE GENEALOGIE.

—— 2. *Enfans de Dreux Porcher Secretai-*
re du Roy, fils puifné d'Eftienne
Porcher Sergent d'Armes.

3. IEANNE PORCHER époufa   **DE VAILLY.**
Meffire Iean de Vailly, qui fut eleu
quatriéme Prefident au Parlement
de Paris, & receu le 16. Aouft 1413.
De laquelle charge il monta enfin à
la premiere de cette grande Compa-
pagnie, & mourut comblé d'honneur & de reputation, le dix-neufié-
me Octobre 134. Il eftoit natif de
Paris, & fils de Richard de Vailly
Notaire au Chaftelet de ladite ville,
qui eut pour pere Pierre de Vailly
qui portoit la qualité d'Ecuyer, ainfi qu'il fe remarque dans le Liure des
Prefidens au Mortier dudit Parlement, dont le public eft obligé aux
foins du fieur Blanchard. Si ce grand

GILIER.

DE TANNAY.

Prefident époufa Ieanne Gillier fille
de Denys Gillier Efcuyer Seigneur
des Forges en Poiĉtou, & de Ieanne
de Tannay, & petite fille de Philippes Gillier Treforier general de Frá-
ce, & Capitaine du Chafteau de Me-
lun (ainfi qu'affeure ledit fieur Blanchard) ie m'en rapporte ; mais il eft
certain que dudit M. Iean de Vailly
& de ladite Ieanne Porcher fa femme, vindrent les enfans nommez
cy-apres.

3. IEAN PORCHER époufa
dont il eut les trois enfans
marquez en la page .81.

MAVLIN.

3. MARGVERITE PORCHER fut
femme de Nicolas Maulin, dont
elle eut vn fils, page .84.

——— 3. *Enfans de ladite Ieaane Porcher,*
& dudit Iean de Vailly Prefident,
fon mary.

4. IEAN DE VAILLY fut receu Cófeil-
ler au Parlement de Paris, en l'année
mil quatre cés vingt quatre ou 1425.
eftant pour lors Archidiacre de
Tours en l'Eglife de Poiĉtiers : c'eft
luy

luy qui fut esleu Euesque d'Orleans,
le 12. Ianuier 1438. mais vn autre
l'emporta sur luy par Arrest de ladite Cour de la mesme année.

4. MARGVERITTE DEVAILLY
épousa M. Iean Simon.   SIMON.

⟶ 3 *Enfans dudit Iean Porcher, fils de*
Dreux, & de
sa femme.

4. IEANNE PORCHER épousa Pier-
re de Lesclat Conseiller au Parlemét,   DELESCLAT.
dont elle eut les deux enfans cy apres

4. ESTIENNE PORCHER fut Secretaire du Roy Louis XI. & composa
par son commandement *Le Rosier*
des Guerres, pour seruir d'instruction
au Roy Charles VIII. son fils, alors
encor Dauphin; il mourut sans enfans, enuiron l'an 1483.

4. PIERRE PORCHER épousa
Thiessart fille de Thibault, qui fut   THIESSART.
receu Conseiller au Parlement de
Paris, enuiron l'an 1404. & en eut
les enfans cy-apres.

L

*4. Enfans de ladite Ieanne Porcher,
& dudit Pierre Delesclat
son mary.*

5. PIERRE DELESCLAT.

5. CATHERINE DELESCLAT.

*4. Enfans dudit Pierre Porcher, &
de — Thiessart
sa femme.*

5. PERNELLE PORCHER Religieuse à Long-Champ, prez Paris.

LECAMVS.

5. MARIE PORCHER femme de M. Iean le Camus.

Il y a grande apparence que ce Guillaume estoit fils dudit Pierre, d'autant qu'il portoit mesmes armes que luy.

GVARIN.

5. GVILLAVME PORCHER Officier de la Venerie du Roy, demeurant à Chastillon en Bazois, épousa Marie Guarin, d'où vint.

6. LOVISE PORCHER femme de Valerien Bury, Côtrolleur ordinai- BVRY. re des Guerres, qui eurent pour fille,

7. MARIE BVRY qui épousa le 25. Iuillet 1605. Pierre Blanchard (fils d'Amy Blanchard) Greffier en BLANCHARD. Chef du Grenier à sel de Moulins en Bourbonnois, & en eut

8. FRANÇOIS BLANCHARD Aduo- cat en Parlement, dont est parlé cy- deuant en la page 79. lequel a épou- MOYARD. sé Catherine Moyard, & en a les en- fans cy-apres.

8. PHILIPPES BLANCHARD fut tué à la bataille de Vaudreuange en Lor- raine, l'an.

8. MARIE BLANCHARD épousa en premiere nopces Iean Barraud, & BARRAVT. en deuxiéme, François Goyn sieur GOIN. de Chauuigny, & des Bordes.

——— 8. *Enfans dudit François Blanchard,* *& de ladite Catherine Moyard.* *sa femme.*

9. IEAN BLANCHARD nay l'an 1636.

9. MARIE BLANCHARD.

9. FRANÇOIS BLANCHARD.

9.   BLANCHARD.

———— *9. Enfans de la susdite Marguerite Porcher, & de Nicolas Maulin son mary.*

4. IAQVES MAVLIN.

TROISIESME
BRANCHE
DE
CETTE GENEALOGIE.

—— 2. *Enfans d'Isabeau Porcher, fille aisnée d'Estienne Porcher Sergens d'armes, & de Iean du Boys son mary.*

3. M. ANDRE' DVBOIS.

QVATRIESME
ET DERNIERE
BRANCHE
DE
CETTE GENEALOGIE.

—— *2. Enfans de la susditte Ieanne Por-cher derniere fille d'Estienne Porcher Sergent d'Armes, & de Iean. Laubigeois son mary.*

3. PIERRE LAVBIGEOIS épou-sa   & en eut les quatre enfans cy-apres.

3. ISABEAV LAVBIGEOIS épousa Iean Budé Secretaire du Roy , & Controolleur de Laudience, lequel fut annobly en Septembre 1399. & qui vray-semblablement estoit fils de Guillaume Budé, pouruoyeur des Garnisons de Vin du Roy, & de la Royne enuiron ce temps-là, & de

BVDE'.

leur mariage, ne vint qu'vn fils,
page fuiuante.

3. MARIE LAVBIGEOIS fut fem- VITART.
me de M. Roüet Vitart, & n'en eut
qu'vne fille, page fuiuante.

3. M. IACQVES LAVBIGEOIS.

—— 3. *Enfans dudit Pierre Laubigeois,*
& de ladite
fa femme.

4. CATHERINE LAVBIGEOIS, fem- LECOMPASSEVR
me de Gilles le Compaffeur.

4. PIERRE LAVBIGEOIS époufa,
& en eut les trois fils
cy-apres.

4. CHRISTOPHLE LAVBIGEOIS.

4. GVILLEMETTE LAVBIGEOIS.

—— 4. *Enfans dudit Pierre Laubigeois,*
& de ladite
fa femme.

5. PIERRE LAVBIGEOIS.

5. NICOLAS LAVBIGEOIS.

5. GVYON LAVBIGEOIS.

——— 3. Enfant de ladite Isabeau Laubigeois, & dudit Iean Budé
son mary.

4. DREVX BVDE'.

——— 3. Fille de ladite Marie Laubigeois, & dudit Roüet Vitart
son mary.

4. MARIE VITART épousa en premiere

miere nopces Iean Niellé Control- NIELLE.
leur au Grenier à fel de Ioigny, &
en deuxiéme Pierre Matignon, du- MATIGNON.
quel dernier mariage elle eut,

5. ESTIENNE MATIGNON qui
époufa Marie Langlois, fille de Ber- LANGLOIS.
thin Langlois, & de Guillemette
Gauthier, fœur & vnique heritiere GAVLTHIER.
de Guillaume Gauthier Official de
Befançon, Fondateur de la Chapelle des *Matignons*, defferuie en l'hof-
pital de Ioigny, dont Iacques Blanchard fils de Nicolas, & de Ieanne
Perrotté, eft à prefent pourueu, de
leur mariage vint,

6. GVILLEMETTE MATIGNON fem- BEIARD.
me de Guillaume Beiard, duquel eft
parlé dans la Couftume de Troyes,
eut

7. THIBAVDE BEIARD époufa Pier- SADIER.
re Sadier en premiere nopces, & en
deuxiéme Pierre Taffineau, d'où TAFFINEAV.
vint,

8. MARGVERITTE TAFFINEAV qui
fut mariée le 7. Decembre 1552. auec
Iean Petit, & en eut les trois filles PETIT.

M

qui ſuiuent, à ſçauoir,

MERILLE.

9. MARGVERITE PETIT femme de Iean Merille, laiſſa les quatre enfans cy-apres.

CHOLLET.

9. THIBAVDE PETIT épouſa Pierre Chollet, d'où vindrent les quatre enfans marquez en la page 93.

VILLEVX.

9. ANNE PETIT n'eut point d'enfans de Michel Villeux ſon mary.

——— 9. *Enfans de ladite Marguerite Petit, & dudit Iean Merille ſon mary.*

RICEY.

10. NICOLAS MERILLE épouſa Ricey, dont il eut les deux enfans, cy-apres.

HARDOVIN.

10. EDMEE MERILLE femme de Sebaſtien Hardoüin, n'en eut qu'vne fille, page ſuiuante.

SENAVLT.

10. MARGVERITE MERILLE a épouſé Ioſeph Senaut, dont elle a des enfans, page 92.

PVISOYE.

10. IEANNE MERILLE eſt mariée auec Claude Puiſoye, & en a des en-

fans; page fuiuante.

—10. *Enfans dudit Nicolas Merille,*
& de ladite Ricey
fa femme.

11. PIERRE MERILLE a époufé

11. MERILLE.

—10. *Fille de ladite Edmée Mcril-*
le, & dudit Sebaftien Hardoüin
fon mary.

11. MARGVERITE HARDOVIN eft
femme d'Eftienne Mouftardier , & MOVSTARDIER.
en a quatre enfans , à fçauoir,

12. MOVSTARDIER.

12. MOVSTARDIER.

12. MOVSTARDIER.

M iij

10. *Enfans de ladite Catherine Me-*
rille, & dudit Ioseph Senault
son mary.

11. ANNE SENAVLT a épousé Tous-
saincts Poupart.

11. IOSEPH SENAVLT.

11. ESTIENNE SENAVLT.

11. CATHERINE SENAVLT femme de

10. *Enfans de ladite Ieanne Merille*
& dudit Claude Puisoye son mary.

11. PVISOYE.

11. PVISOYE.

———9. *Enfans de ladite Thibaude Petit,*
    & dudit Pierre Chollet son mary.

10. THIBAVDE CHOLLET femme
    d'Eftienne Dupuys, en a les enfans
    cy-apres.   DVPVYS.

10. IEAN CHOLLET époufa en pre-
    miere nopces
    & en deuxiéme Eftiennette Dufau- DVSAVSOY.
    foy, defquelles il eut enfans, page 94.

10. MARGVERITE CHOLLET fem-
    me d'Eftienne Coquart, en a des en- COQVART.
    fans, page 95.

10. MARIE CHOLLET eft mariée
    auec Philippes Coleffon, & en a des COLESSON.
    enfans, page 95.

———10. *Enfans de ladite Thibaude Chol-*
    let, & dudit Eftienne Dupuys
             fon mary.

11. BERNARD DVPVIS a époufé
    Hatier, dont il a les enfans cy-apres. HATIER.

11.   DVPVIS.

11.   DVPVIS.

—— 11. *Enfans dudit Bernard Dupuys,* ⅋ *de ladite* Hatier *sa femme.*

12. DVPVIS.

12. DVP.VIS.

—— 10. *Enfans dudit Iean Chollet,* ⅋ *de ladite*
sa premiere femme.

11. CHOLLET femme de Iean Benoist le Ieune, dont elle a des enfans.

BENOIST.

Autres enfans dudit Iean Chollet, ⅋ *de ladite Estieunette Dusaufoy sa seconde femme.*

DVSAVSOY.

——— 10. *Enfans de ladite Margueritte Choller, & dudit Estienne Coquart son mary.*

11. ESTIENNE COQVART a épousé Cazon, & en a des enfans.　CAZON.

——— 10. *Enfans de ladite Marie Chollet, & dudit Philippes Collesson son mary.*

11.　　　　COLLESSON.

11.　　　　COLLESSON.

AFIN de n'obmettre aucune chose en cette Genealogie qui puisse seruir à ceux qui y ont interest; l'on a iugé à propos (en attendant que l'on soit mieux informé de la verité) de faire vne feüille particuliere des Descendans de Colombe Puisoye, de laquelle sont yssus Messieurs les Gauthiers, de Ville-neufue le Roy: Ores que l'on ne sache pas bien au vray de qui elle estoit fille: Ce qui oblige de commencer par elle, les degrez de sa Generation, sauf à les corriger lors que l'on en sera mieux éclaircy.

1. COLOMBE PVISOYE épousa Simon Gauthier, demeurant à Ville-neufue le Roy, & en eut — GAVTHIER:

2. GABRIEL GAVTHIER qui épousa Marie Chaboüillé, de la Ville de Moret, d'où vindrent les enfans qui suiuent, à sçauoir, — CHABOVILLE:

3. ELEAZARD GAVTHIER sieur de la Motte, qui a esté marié auec & en a des enfans, page 98.

3. GAVTHIER femme de Meresse, dont elle a des enfans, page suiuante. — MERESSE:

N

3. Maximilian Gavthier Esleu
à Ioigny, a épousé
BRANCHE.   Branché, & en a deux enfans, pag. 99

3. Gabriel Gavthier, Grenetier
audit Ioigny, épousa en premieres
ARNAVLT.   nopces   Arnault &
BRANCHE.   en deuxiéme Magdelaine Branché,
desquelles il eut des enfans, pag. 100.

——3. *Enfans dudit Eleazard Gauthier,*
& de ladite
*   sa femme.*

HODOVART.   4.   Gavthier femme
de   Hodoüart Presi-
dent en l'Eslection de Sens.

4.   Gavthier.

——3. *Enfans de ladite*
Gauthier, & dudit
Meresse son mary.

4. Gabriel Meresse Grenetier
en ladite ville de Ioigny, n'est point
encor marié.

──── 3. *Enfans dudit Maximilian Gau-*
thier, & de ladite
Branché sa femme.

4. GAVTHIER femme DE MARSAVGY.
de   de Marsaugy, Conseiller au Presidial de Sens, dont elle
a les enfans, cy-apres.

4.   GAVTHIER.

──── 4. *Enfans de ladite Gauthier, &*
dudit   *de Marsaugy*
son mary.

5.   DEMARSAVGY.

5.   DEMARSAVGY.

──── 3. *Enfans dudit Gabriel Gauthier,*
& de ladite   *Arnauls*
sa premiere femme.

N ij

4. GABRIEL GAVTHIER Lieutenant ancien en l'Eſlection de Ioigny, a épouſé   Moreau, dont il a les enfans cy-apres.

MOREAV.

Autres enfans dudit Gabriel Gauthier, & de ladite Magdelaine Branché ſa ſeconde femme.

4. PIERRE GAVTHIER.

4. CLAVDE GAVTHIER.

——— *4. Enfans dudit Gabriel Gauthier, & de ladite   Moreau ſa femme.*

5.   MOREAV.

5.   MOREAV.

5.   MOREAV.

C'Est vne chofe tres-conftante dans tout l'Auxerrois que les anciens Comtes de Ioigny ont donné de grãds priuileges & exemptions à certaines familles de leur Comté, qu'ils ont voulu eftre affranchies & déchargées de beaucoup de feruitudes & de deuoirs aufquels les autres eftoient affujetties ; & l'on ne reuocque point en doute que celles des *Ponthons* & des *Gonthiers* ne foient redeuables de cette grace au Comte Guillaume, qui dés l'an 1258. en fit expedier fes Lettres en faueur de *Miles Gonthier,* qui furent en fuite confirmées par Lovis de France Roy de Nauarre, Comte Palatin de Champagne en l'an 1313. qui fut depuis Roy de France, & furnommé Lovis Hutin. Et d'autant que de ces deux familles (dont les affranchiffemens ont commencé és perfonnes de *Iean Ponthon* & *Meline* fa femme, & dudit *Miles Ganthier*) ont efte vnies en celles de *Iean Puifoye dit le Gros* & de *Guillemette Perrotté* fa femme, fille de *Iean Perrotté* & de *Philippes Foucault,* iffuë d' *Eftienne Porcher* annobli. L'on a iugé bien à propos d'en dreffer la petite Carte qui eft de l'autre cofté, afin que l'on fçache que c'eft à bon & iufte tiltre que leurs defcendans ont efté maintenus & conferuez par diuers Iugemens en la jouyffance defdites franchifes, priuileges & exemptions.

N iij

Iean Ponthon & Meline
fa femme, eurent

|

Miles Ponthon
d'où vint

|

Theuenot Ponthon,qui
eut de Richon fa femme,

|

Ifabeau Ponthon, qui
efpoufa Pierre Landry,
& en eut,

|

Ieannette Landry, fem-
me de Iacquet Perrotté,
d'où vint

|

Gaucher Perrotté, qui
fut pere de

|

IeanPerrotté,qui efpoufa
d'où vint,

|

6. Guillemette Perrotté , qui efpoufa

1. Eftienne Porcher,
annobly l'an 1464. eut
entr'autres enfans,

|

2. Iean Porcher, Con-
feiller au Parlement de
Paris , pere de

|

3. Marguerite Porcher,
femme de Hugues Fou-
cault, Eleu à Langres,
d'ou vint,

|

4. Iean Foucault, Bour-
geois de Paris , qui eut
pour fille,

|

5. Philippes Foucault,

Miles Gonthier , eut

|

Iean Gonthier, pere de

|

ColletteGonthier,fem-
me de Iean le petitRoy,
d'où vint,

|

Collette Roy, qui ef-
poufa Iean Geuffron,&
en eut,

|

Nicole Geuffron, fem-
me de Iean Puifoye,
d'où vint,

|

Pernet Puifoye, qui ef-
poufaPhilippes d'Eftra-
pes, & en eut,

|

Iean Puifoye , dit le
Gros.

PREVVES

PREVVES.

LETTRES D'ANNOBLISSEMENT

d'Estienne Porcher, enregistrées en la Chambre des Comptes de Paris le 5. Nouembre 1370.

KAROLVS Dei gratia Francorum Rex. Probitatis & virtutū merita, nobiles actus, gestusque laudabiles insignia quibus personæ decorátur aut præmuniuntur meritò nos inducunt, vt eis Creatoris exemplo iuxta propria retribuamus opera, ipsos etiam suamque posteritaté congruis fauoribus, & nobilium honoribus, & nomen rei consonæ attollamus, vt & ipsi huiusmodi prærogatiua fungantur. Cæterique ad agenda quæ recta sunt libentiùs & frequentiùs aspirent, & ad honores, suffragantibus virtutum & bonorum operum meritis adipiscendos, alliciantur. Notum igitur facimus vniuersis præsentibus & futuris, quod nos attentis & consideratis pluribus gratuitis & laudabilibus setuitijs, quæ dilectus noster Stephanus Porcherij seruiens noster Armorum, & Magister nostrarum munitionum vinorum inclytæ recordationis Domino genitori nostro & nobis, per longa tempora fecit & impendit, & quæ impendere ab ipso speramus in futurum, poenasque & labores quos propter hoc sustinuit, ac magna pericula, in quibus seruiendo se exhibuit, aliorumque meritorum & gestorum quibus persona ipsius prout fide dignorum tenet

affectio decoratur: Volentes ea propter eundem
eiufque pofteritatem., fic profequi fauoribus gra-
tiofis, quod exinde commodi & honoris incremé-
tum fe gaudeat reportaffe, licet idem Stephanus ex
ignobilibus ab vtroque latere traxerit originem,
Authoritate noftra Regia, certa fcientia & gratia
fpeciali, eundem Stephanum dictamque nam pofteritatem., procreatam & procreandam, natam &
nafcituram nobilitamus. Nobilefque ac eorum fin-
gulos habiles tenore præfentium reddimus & de-
creuimus ab vniuerfa & fingula perquirenda, quibus cæteri Regni noftri nobiles vtuntur, ac vti pof-
funt & debent, ita vt idem Stephanus ac dicta eius
pofteritas, tam procreata quam procreanda, nata &
nafcitura de matrimonio legitimo quandocunque
& à quocumque Milite voluerint, valeant cingu-
lo militiæ decorari. Concedentes infuper eidem
Stephano ac eius pofteritati feu proli præfatæ, vt ipfi
& cuilibet ipforum in vniuerfis & fingulis actibus,
rebus, perfonis, & bonis mobilibus & immobilibus
acquifitis, & acquirendis, tam in feudis quam retro-
feudis Regiis, vel alijs quibuflibet, & quacũque no-
bilitatis prærogatiua infignitis priuilegijs, franchi-
fijs, libertatibus & immunitatibus, quibus cæteri
milites dicti Regni gaudent, plenariè, liberè &
quietè vtantur & gaudeant in perpetuum ac pro
Nobilibus vbilibet habeantur, & ab omnibus re-
putentur, ac in iudicijs & extra tractentur indefi-
gnanter quodque aliquatenus financiam nobis feu
fucceffuribus noftris præftare pro feudis aut retro-
feudis

feudis acquifitis, vel acquirendis, per eos, vel per
eorum aliquem, aut pro quacumque alia caufa
occafione præmiffa de cætero nullatenus compel-
lantur, conftitutione vel lege qualibet, confuetu-
dine, vfu vel ordinatione contraria, editis vel eden-
dis, non obftantibus quibufcumque, qui ex plenitu-
dine poteftatis regiæ, ac certa fcientia antedictis,
quo ad hoc, caffamus, abolemus & totaliter amoue-
mus. Mandantes dilectis & fidelibus gentibus no-
ftrorum Computorum, cæterifque iudiciarijs noftris, præfentibus & futuris, & eorum cuilibet, ac
loca tenentibus eorumdem, quatenus dictum Stephanum & eius pofteritatem prædictam, noftrâ
præfenti gratiâ vti pacificè perpetuo faciant &
permittant ipfos, aut eorum alterum, in contra-
rium nullatenus moleftantes vel perturbantes, feu
moleftari vel perturbari facientes, vel permitten-
tes, quod vt firmum & ftabile permaneat in futurum, figillum noftrum, quo ante fufceptum Regi-
men Regni noftri vtebamur, præfentibus litteris
duximus apponendum, faluo in alijs iure noftro, &
in omnibus quolibet alieno. Datum Parifijs anno
Domini millefimo trecētefimo fexagefimo quarto
menfe Iunij. *Ainfi figné fur le reply vers la marge d'en-*
haut, Per Regem N. de Veres, *& vers la marge d'en-*
bas eft efcrit, Regiftrata in Camera cum alijs confimi-
libus & reddita virtute litterarum Regis retenta-
rum in dicta Camera IOANNES. *Lefdites Let-*
tres feellées du grand Sceau en lacqs de foye de cire verte.

N

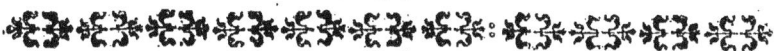

CONCESSION FAITE PAR MILES
de Noyers, Comte de Ioigny à Eſtienne Porcher, & aux ſiens, de porter les Armes des anciens Comtes dudit Ioigny.

NOVS MILES DE NOYERS Comte de Ioigny, & Sire d'Antigny, Faiſons ſçauoir à tous, Que comme noſtre bien amé & feal ESTIENNE PORCHER de Ioigny, Sergent d'Armes du Roy noſtre Sire, Maiſtre de ſes Garniſons de Vins, ait bien loyaument & longuement ſeruy nos predeceſſeurs (deſquels Dieu ait les Ames) & Nous, ainſi eſperons-nous qu'il nous ſerue au temps à venir, ſans qu'il en ait deüement eſté remuneré ; à laquelle remuneration nous nous tenons pour tenus ; & il nous ait affectueuſement ſupplié, Que comme les Armes que ſouloient porter Nobles & Puiſſans Seigneurs nos Predeceſſeurs Comtes de Ioigny, annullées & à neant, venües par defaut d'hoir, nay & procreé de leurs Corps ; leſquelles Armes ſont noſtres, & à Nous appartiennent, à cauſe de noſtre Ville & Comté de Ioigny. Nous icelles luy vouſiſſions donner & à ſes hoirs nais & à naiſtre ; comme nous portons les Armes de Noyers, qui ſont noſtres, & de noſtre droite ligne ; A laquelle ſupplication, Nous conſiderans la grande & vraye amour qu'il a eüe touſiours à nos Predeceſſeurs & à Nous, les biens & courtoiſies, ſeruices & amitiez que faits nous a, loyauté, honneur, prud'homie que trouuée

ont nos Predeceſſeurs audit Suppliant, & Nous
auſſi; Auons encliné, en luy donnant par ces preſentes Lettres, & à ſes hoirs, nais & à naiſtre, licen-
ce, plain pouuoir & authorité de porter leſdites Armes, qui ſont telles, *l'Eſcu de gueules à l'Aigle d'ar-*
gent au bec & aux pieds d'or, enſemble le cry d'i-
celles, par tous les lieux, ou porter les voudra, ſoit
en Armes, ſoit en Scel, & en toutes autres manieres
quelconques. Cette donation faite par Nous, bien
aduiſez & conſeillez, & de noſtre certaine ſcience
& volonté audit Suppliant & à ſes hoirs, comme dit
eſt. En témoin de ce, Nous auons fait mettre noſtre
grand Scel à ces preſentes Lettres, qui furent faites
& données en noſtre Chaſtel de Ioigny, le dixiéme
iour de Septembre l'an de grace mil trois cens ſoixã-
te-huiĉt. Ainſi ſigné, G E O R G E. Leſdites Lettres en parchemin ſcellées du Scel dudit Milles de
Noyers, Comte de Ioigny & ſieur d'Antigny, en
cire vermeille ſur double queuë.

(❧❧❧❧❧❧❧❧❧)

BREF DV PAPE GREGOIRE XI.
portant permißion à ESTIENNE PORCHER
Escuyer, de fonder une Chappelle dans l'Eglise de S.
Thibaud de Ioigny : Donné en Auignon au mois de
Mars, l'an deuxiéme de son Pontificat qui estoit en 1372.

GREGORIVS Episcopus, seruus seruorum
Dei, Dilecto filio *Nobili Viro Stephano Porche-*
rij domicello Senonensis Diocesis, Salutem & Apo-
stolicam benedictionem. Deuotionis tuæ since-
ritas promeretur, vt petitiones tuas in his præser-
tim quæ tuæ, & aliarum fidelium animarum salutem, & diuini cultus augmentum respiciunt, quan-
tum cum Deo possumus fauorabiliter annuamus.
Sanè nuper ex serie tuæ petitionis nobis exibitæ per-
cepimus, quòd tu de salute propria cogitans, ac cu-
piens terrena pro cœlestibus, & transitoria pro ter-
renis felici commercio commutare ad honorem
Dei & Virginis gloriosæ ac diuini cultus augmentum, ac pro tuæ & parentum tuorum animarum
salute, *Vnam perpetuam Capellaniam in Ecclesia Sancti*
Theobaldi de Iouiaco Senonensis Diocesis Canonicè funda-
re & instituere, & eam de quadraginta libris Pari-
siensis in reditibus annuis pro vno perpetuo Ca-
pellano, ibidem Domino seruituro de bonis tibi
à Deo collatis, dotare proponis : Quare nobis hu-
militer suplicasti, vt tibi quod præmissum facere

poſſis, authoritate Apoſtolica concedere dignaremur. Nos itaque huiuſmodi tuis ſupplicationibus inclinati, fundandi & inſtituendi Capellaniam ipſam in dicta Eccleſia huiuſmodi dote per te primitus realiter aſſignata cuiuſquam licentia minimè requiſita, *Iure patronatus ac preſentandi perſonam idoneam & ipſam Capellaniam loci ordinario, tibi ac tuis hæredibus & ſucceſſoribus reſeruato,* iureque dictæ Eccleſiæ, & cuiuſlibet alterius in omnibus ſemper ſaluo, authoritate Apoſtolica tibi tenore præſentium licentiam largimur, nulli ergo omnino hominum liceat, hanc paginam noſtræ conceſſionis infringere, vel ei auſu temerario contrarie, ſi quis autem attentare preſumpſerit, indignationē Omnipotentis Dei, & Beatorum Petri & Pauli Apoſtolorum eius ſe nouerit incurſurum. Datum Auinioni Kalendis Martiis Pontificatus noſtri, Anno ſecundo, *Ainſi ſigné,* P. AGANALDAM, *& ſoubs le reply,* G. GAMERY. *Leſdites Lettres ſcellées de plomb ſur lacs de ſoye iaune & rouge, auec les portraits de Sainct Pierre & de S. Paul.*

IVGEMENT RENDV EN FAVEVR de IEAN FOVCAVLT, *fils de Hugues Foucault, & de Margueritte Porcher petite fille d'Estienne Porcher : Par messieurs les Commissaires Deputez par le Roy, sur le fait des francs-fiefs, & nouueaux acquests, le dernier May 1471.*

IEAN LE GOVST Notaire & Secretaire du Roy nostre Sire, Esleu sur le fait des Aydes à Sens, & Georges Gauthier Clerc & Secretaire dudit sieur, Commissaires ordonnez par le Roy nostre Sire, sur le fait des *francs-fiefs & nouueaux acquests,* faits par gens d'Eglise, & personnes non Nobles en la Prouince de Sens, Euesché de Langres, & és dependances d'icelle. A tous ceux qui ces presentes Lettres verront, Salut. Comme par vertu du pouuoir à nous donné, & Commis en cette partie par le Roy nostredit Sieur, Nous eussions fait conuenir & appeller pardeuant Nous, IEAN FOVCAVT de Ioigny, pour nous bailler par declaration les fiefs & choses nobles qu'il tient & possede, pour en faire & composer auec nous, comme personne non Noble, & en payer finance au Roy nostredit sieur pour son indemnité, selon le contenu des Ordonnances & Instructions Royaux, faites sur le fait desdits *Francs-fiefs & nouueaux acquests.* Et il soit ainsi, que ce jourd'huy Pierre Bouchart demeurant à Sens, se soit comparu & presenté pardeuant Nous,

pour & au nom, & foy faifant fort dudit IEAN
FOVCAVLT: Lequel nous a dit & expofé, que
ledit Foucault n'eft tenu payer aucune finance au
Roy noftre dit Sieur, pour les fiefs qu'il tient & pof-
fede, pource qu'il eft Noble, nay & extraict de Noble lignée, & pour de ce nous informer, & faire
apparoir, nous a produit & exibé le vidimus de certaines lettres Royaux de *Nobilitation* faites par
feu de bonne memoire le Roy CHARLES V.
en l'an 1364. à feu ESTIENNE PORCHER,
Ayeul maternel dudit FOVCAVLT, auec certain Extraict de la Chambre des Comptes; Auquel
vidimus & extraict ces prefentes font attachées fous
l'vn de nos Sceaux : Sçauoir faifons, que VEV par
Nous lefdites Lettres & Extraict, & auffi qu'auons
efté deüement informez, que ledit FOVCAVLT &
fes predeceffeurs, ont accouftumé de jouyr & vfer
des priuileges de Nobleffe, comme les autres Nobles du Pays, & vefcu fans faire, chofe dérogeant
au fait de Nobleffe, Nous iceluy FOVCAVLT pour
ces caufes, *Auons enuoyé & enuoyons fans iour, & fans*
finance comme perfonne Noble: Sauf le droict du Roy
noftredit Sieur, en autres chofes, & l'autruy en toutes; en leuant & oftant la main du Roy noftredit
Sieur, & tout autre empefchement, qui a la caufe
deffus ditte pourroit auoir efté fait, mis, ou donné,
fur fes fiefs, terres, & poffeffions dudit IEAN FOV-
CAVLT. DONNE' à Sens foubs nos Sceaux, &
le feing manuel de Iean Raimbault Greffier de ladite Commiffion, le dernier iour de May. l'an mil qua-

tre cens septante & vn. Signé, I. RAIMBAVLT,
& Scellé de deux Sceaux de cire rouge.

SENTENCE DES ESLEVS DE SENS
par laquelle Philippes Foucault, *véfue* Iean Perrotté, *arriere petite fille* d'Eftienne Porcher, *a efté con-*
fcruée dans les priuileges de Nobleffe, & declarée exem-
pte des Tailles, du 14 Iuin 1507.

A Tous ceux qui ces prefentes Lettres verront.
Les Efleus pour le Roy noftre Sire fur le fait
des Aydes & Tailles és Ville & Efléction de Sens,
Salut. Sur ce que puis certain temps en ça, Theue-
nin Puifoye *Collecteur de la Taille de Ioigny* pour l'année commençant mil cinq cens cinq euft fait execu-
ter *Philippes Foucault* vefue, *Iean Perrotté* demeurant
audit Ioigny, pour raifon de fon *Impoft de la Taille*
dudit Ioigny, à quoy elle eftoit impofée par les habitás
dudit lieu, & pour vn quart feulement ; à laquelle
execution fe fuft oppofée icelle vefue, & pour dire les
caufes de fon oppofition luy euft efté affigné iour
pardeuant noftre Cómis audit Ioigny, pardeuant lequel euft efté procedé entre lefdites parties par aucu-
nes iournées & affignatiós, & finalemét à la requefte
de ladite vefue euft efté ladite caufe renuoyée pardeuant Nous, à certain iour pieça paffé ; Auquel iour
icelles parties fe fuffent bien & deuëment prefentées
pardeuant Nous l'vne contre l'autre, & apres l'appel
de la

de la cauſe au Roolle pour expedition, euſſent les ma-
nans & habitans dudit Ioigny , ou leur Procureur
pour eux , pris la cauſe pour ledit Puiſoye leur Collecteur , pour la partie deſquels euſt eſté dict & propo-
ſé que dés ladite année 1505. en vertu des Lettres de
Commiſſion à eux addreſſantes pour aſſeoir ſur eux
en la maniere de *Taille* la ſomme dedans elle conte-
nuë ; En enſuiuant leſquelles Lettres euſſent leſdits
demandeurs mis & impoſé ſur eux ladite ſomme, &
apres pluſieurs conteſtations ; *Dit a eſté*, Que comme
yſſuë de Noble Seigneur. Auons icelle. *Foucault declarée & declarons Noble, & qu'elle iouyra des Priuileges de
Nobleſſe,* en viuant noblemét comme ſont & ont ac-
couſtumé de faire leſdits autres Nobles de l'Election
de Sens ; Et en ce faiſant *Abſoluons ladite defendereſſe
des demandes & concluſions deſdits demandeurs ,* & luy
feront rendus ſes biens pris par execution & ſans
dépens , par noſtre Sentence diffinitiue, Iugement
& à droict , En teſmoin de ce Nous auons fait mettre le Seel de ladite Eſlection de Sens à ceſdites preſentes. Données audit Sens le Lundy. quatorziéme
Iuin, l'an mil cinq cens ſept.   Signé, G V Y O T.

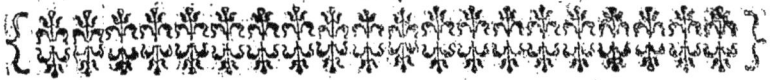

ACTE PORTANT PERMISSION A MAISTRE Iean Hellé, de Permuter ou Refigner la Chapelle Noftre Dame (ditte des Porchers) fondée en l'Eglife S. Thibault de Ioigny, dont il eftoit pourueu, à luy accordée par Meßieurs d'Aguenin & Budé Prefentateurs d'icelle Chapelle, du dernier Iuin 1508.

AVjourd'huy en la prefence des Notaires fous-
fignez Venerable & Difcrette perfonne Meffire Nicole Charpentier, Preftre, Curé de l'Eglife
Parochiale de S. Martin de Leftrée dedans S. Denis
en France, ou nom & comme Procureur de honne-
fte perfonne Iean Hellé, Preftre, Chapelain de la Chapelle
ou Chapellenie de Noftre Dame, fondée en l'Eglife Paro-
chialle Saint Thibault de Ioigny au Diocefe de Sens, fon-
dé & eftably par Lettres de procuration paffée pardeuant Pierre Bernard Maiftre és Arts & Notaire Apo-
ftolique & Imperial de noftre S. Pere le Pape, dattée
du vingt-cinquiefme iour de Nouembre dernier paffé, ayant pouuoir par icelles entr'autres chofes de faire ce qui apres enfuit, comme il eft apparu aufdits Notaires, &c. A prié & requis Nobles perfonnes Maiftres Iean Acguenin dit le Duc, auffi Preftre Chanoine
de l'Eglife Sainct Merry, & Chapellain de la Chapelle de Sainct Bon à Paris, Pierre Acguenin dit le Duc,
Clerc du Roy noftre Sire, en la Chambre des Comptes à Paris, ou nom de luy & de Damoifelle Catherine le Cocq fa femme, & à Dreux Budé, Notaire &

Secretaire du Roy noſtredit Seigneur, & Seigneur
de Villiers, *Preſentateurs de ladite Chapelle*, qu'il leur
pleuſt permettre audit Iean Hellé de permuter ou reſigner
ladite Chappelle, fruits, profits & émolumens d'icelle
és mains de Tres-Reuerend Pere en Dieu Monſieur
l'Archeueſque de Sens, ou autre qu'il appartiendra,
à Maiſtre *Guillaume Imbert*, pareillement Preſtre &
Chapellain de la Chapelle S. Louis, fondée en l'E-
gliſe Collegiale S. Marcel lés Paris, à l'encontre de
ladite Chapelle S. Louis, ou autrement, ainſi qu'il
plaira audit Charpentier, oudit nom. *Leſquels Acque-*
nin & Budé comme Preſentateurs deſſus dicts ont eu agrea-
ble ladite requeſte, & accordé & permis ladite permuta-
tion en eſtre faite. En priant & ſuppliant ledit tres-Reuerend, qu'il luy plaiſe receuoir & admettre icelle re-
ſignation, dont iceluy Charpentier oudit nom a requis Lettres auſdits Notaires ſous-ſignez, leſquels
luy ont octroyé ces preſentes pour luy ſeruir & valloir en temps & lieu ce que de raiſon. Ce fut requis
& octroyé l'an mil cinq cens & huict, le Vendredy
trentiéme & dernier iour de Iuin. Ainſi ſigné,
E. ROVSSEAV, & de CHAPVENAY.

Nomination faicte par Messieurs Aguenin, Lotin, &
Deliures, à M. l'Archeuesque de Sens, de la personne
de Maistre Iean Perrotté, pour estre pourueu de la
Chappelle des Porchers, en datte des 21. & 22. Ian-
uier 1536.

AVIOVRD'HVY datte de ces presentes, en la
presence de Nous, Notaires du Roy nostre
Sire au Chastelet de Paris soubs-signez, Nobles
hommes & sages Maistre *Iean Aguenin, dit le Duc,*
Seigneur de Villeuaudé, Conseiller du Roy nostre
dit Seigneur, & general sur le fait des Aydes à Paris;
M. *Robert Lotin* Conseiller dudit Seigneur en ladite
Cour des Aydes; Maistre Iean *de Liures* Aduocat en
la Cour de Parlement; & Maistre Iacques *de Liures*
Seigneur de Maigny, tous *heritiers & successeurs* en
ligne directe de feu *Estienne Porcher* en son viuant Escuyer, *Fondateur de la Chapelle de la Conception Nostre*
Dame, anciennement erigée & construite ioignant
l'Eglise Parochiale de S. Thibaud de Ioigny, & de
nouuel & de present enclose dans ladite Eglise; ladite Chapelle appellée d'ancienneté *la Chapelle des Por-*
chers, icelle Chapelle à prsent vacante par la resignation de Maistre Guillaume Imbert dernier possesseur de ladite Chapelle, ou autrement, en quelque
maniere que ce soit, *Ont nommé & presenté, nomment*
& presentent par ces presentes, à Reuerend Pere en
Dieu Monseigneur l'Archeuesque de Sens, ou autres

qu'il appartiendra, Difcrete perfonne Maiftre Iean
Perrottè, Preftre demeurât en la ville de Ioigny, *pour
luy conferer & le pouruoir de ladite Chapelle de la Conception Noftre Dame,* pour icelle regir & gouuerner ainfi qu'il appartient & felon la fondation d'icelle, fup-
plians *iceux Prefentateurs* ledit Reuerend, qu'il luy
plaife receuoir ledit *Iean Perrottè leur prefentè,* en luy
conferant & pouruoyant de ladite Chapelle, fruiƈts
& efmolumens d'icelle; Dont, & defquelles chofes
icelles parties ont refpeƈtiuement requis Lettres,
aufdits Notaires, qui leur ont oƈtroyé ces prefentes,
pour leur feruir & valloir ce que de raifon. Ce fut
fait, requis & oƈtroyé l'an 1536. C'eſt à ſçauoir par
lefdits Aguenin, Lotin & Iean de Liures le vingt-
vniéme, & par ledit Maiftre Iacques de Liures le
Lundy vingt-deuxiefme iour de Ianuier, Signé,
MONTIGNE' ET MAHVT.

Autre nomination dudit Maiftre Iean Perrotté *à ladite Chapelle* des Porchers, *par Meſſieurs Budé,
du 22. Ianuier 1536.*

AViourd'hy datte des prefentes, en la prefence
de Nous Notaires du Roy noftre Sire au Chaftelet de Paris foubs-fignez, Nobles hommes & fa-
ges M. *Guillaume Budé* Confeiller du Roy, & Maiftre des Requeftes ordinaire de fon Hoftel, & Maiftre de fa Librairie, fieur de Marly la Ville ; M.
Iean Budé Confeiller & Garde des Chartres dudit

Seigneur, seigneur d'Ierre; M. *Guy Budé* Notaire & Secretaire dudit Seigneur, & seigneur de Villiers sur Marne : *Louis Budé* le jeune Escuyer, *successeurs en ligne directe de feu Estienne* Porcher en son viuant Escuyer, *Fondateur de la Chappelle de la Conception nostre Dame*, anciennement erigée & construite joignant l'Eglise Parrochialle Saint Thibaud de Ioigny, & de nouuel, & de present enclose en ladite Eglise, ladite Chappelle appellée d'ancienneté la *Chappelle des Porchers* : Icelle Chappelle à present vacante par la resignation de M. Guillaume Imbert dernier possesseur de ladite Chappelle, ou autrement, en quelque maniere que ce soit, *Ont nommé & presenté, nomment & presentent par ces presentes*, A tres-Reuerend Pere en Dieu Monseigneur l'Archeuesque de Sens, ou autres qu'il appartiendra, Discrette personne M. Iean Perrotté Prestre, demeurant en la Ville de Ioigny, *pour luy conferer, & le pouruoir de ladite Chappelle de la Conception nostre Dame*, pour icelle regir & gouuerner, ainsi qu'il appartient, & selon la fondation d'icelle : Supplians iceux *presentateurs*, ledit tres-Reuerend, qu'il luy plaise receuoir ledit *M. Iean Perrotté leur presenté*, en luy conferant & pouruoyant de ladite Chappelle, fruits & émolumens d'icelle, apres que ledit Perrotté les a requis d'estre presenté. Dont, & desquelles choses, icelles parties ont respectiuement requis Lettres ausdits Notaires, qui leur ont octroyé ces presentes pour leur valoir & seruir ce que de raison. Ce fut fait requis & octroyé l'an mil cinq cens trente-six, le

Lundy vingt-deuxiéme iour de Ianuier. Signé,
MONTIGNE' & MAHVT.

---

*Autre nomination dudit Maistre Iean Perrotté aladite
Chappelle des Porchers, par Noble femme
Philippes Foucault; du vingt-neufiéme
Ianuier 1536.*

AVjourd'huy datte de ces presentes en la prefence des tefmoins cy-apres nommez, & de
moy Notaire au Comté de Ioigny fous-figné. *Noble femme Philippes Foucault*, vefue de feu Iean Perrotté heritiere & fuccefferefse en ligne directe de feu
Eftienne Porcher en fon viuant Efcuyer, *Fondateur de
la Chapelle de la Conception Noftre Dame*, anciennement erigée & conftruite, ioignant l'Eglife S. Thibault de Ioigny, & de nouuel, & de prefent enclofe
en ladite Eglife, ladite Chappelle appellée d'ancienneté *la Chapelle des Porchers*. Icelle Chapelle à prefent
vacanté par la refignation de Maistre Guillaume
Imbert dernier poffeffeur de ladite Chapelle, ou
autrement, en quelque maniere que ce foit, *A nommé & prefenté, nommé & prefente* par ces prefentes à
tres-Reuerend pere en Dieu Monfeigneur l'Arche-
uefque de Sens, ou autres qu'il appartiendra Difcret-
té perfonne Maistre Iean Perrotté Prestre demeurant
en la ville de Ioigny; *pour luy conferer & le pouruoir de
ladite Chapelle de la Conception de Noftre Dame*, pour
icelle regir & gouuerner, ainfi qu'il appartiendra &

felon la fondation d'icelle; fuppliant icelle prefente-
reffe ledit tres-Reuerend , qu'il luy plaife receuoir
ledit Maiftre Iean Perrotté *fon prefenté*, en luy conferant & pouruoyant de ladite Chapelle, fruicts & efmolumens d'icelle, apres que ledit Perrotté l'a requi-
fe d'eftre prefenté. Dont & defquelles chofes ont
icelles parties refpectiuement requis Lettres audit
Notaire qui leur a octroyé ces prefentes, pour leur
feruir & valoir, ce que de raifon. Ce fut fait, requis &
octroyé és prefences de Venerables & Difcrettes
perfonnes Maiftres Iean Tafniere & Eftiéne Vieil-
lart Preftre, le 29. iour de Ianuier l'an 1536. Signé N.

Autre nomination dudit Maiftre Iean Perrotté *à ladite
Chapelle des Porchers par Maiftre* Gulllaume Lotin
Chanoine de Saint Eftienne d'Auxerre, & par Noble
femme Guillemette Foucault *, en datte du 30. Ian-
nier 1536.*

CE iourd'huy 30. iour de Ianuier l'an 1536. en la
prefence de moy fous-figné Notaire Royal
fous le Seel du Bailliage & Preuofté d'Auxerre, Noble homme & fage Maiftre *Guillaume Lotin* , Preftre
Chanoine de S. Eftienne d'Auxerre, & Noble femme *Guillemette Foucault* vefue de feu Maiftre Iacques
Rouffelet demeurant audit Auxerre, heritiers & fuc-
ceffeurs en ligne directe de feu *Eftienne Porcher* en fon
viuant Efcuyer, *Fondateur de la Chapelle de la Conception Noftre Dame,* anciennement erigée & conftruite
ioignant

ioignant l'Eglife Parochiale S. Thibaut de Ioigny,
de nouuel & de prefent enclofe en ladite Eglife, ladite Chapelle appellée d'ancienneté, la *Chapelle des
Porchers*, icelle Chapelle à prefent vacante par la
refignation de Maiftre Guillaume Imbert dernier
poffeffeur, ou autrement, en quelque maniere que
ce foit, *ont nommé & prefenté, nomment & prefentent*
à Reuerend Pere en Dieu Monfeigneur l'Archeuef-
que de Sens, ou autres qu'il appartiendra, Difcrette
perfonne Maiftre *Iean Perrotté* Preftre, demeurant
en la ville de Ioigny, *pour luy conferer & pouruoir de
ladite Chapelle de la Conception Noftre Dame*, pour icelle regir & gouuerner ainfi qu'il appartient, aux
fruits, profits, reuenus & efmolumens, & felon la
fondation d'icelle, Supplians *lefdits Prefentateurs* ledit Reuerend, qu'il luy plaife receuoir ledit M.
Iean Perrotté leur Prefenté, en luy conferant & pouruoyant de ladite Chapelle, fruits & efmolumens
d'icelle; De laquelle prefentation lefdites parties refpectiuement ont requis Lettres audit Notaire, à eux
octroyé pour leur feruir & valloir en temps & lieu,
ce que de raifon. Ce fut fait en prefence de honnora-
bles hommes Pierre Courtet & Germain Guenin,
Marchands demeurans audit Auxerre, les an & iour
que deffus. Signé, GVILLON.

P.

*Sentence du Bailly de Ioigny, au profit d'André Perille,
& consorts, descendans d'Estienne Porcher, & des
Ponthons, & Gonthiers, par laquelle ils sont con-
seruez dans tous les priuileges à eux accordez par les
anciens Comtes de Ioigny, Contre le Procureur Fiscal dudit Comtè de Ioigny, en datte du 28. Auril 1611.*

A Tovs ceux qui ces presentes lettres verront, Sauinien Delamare Lieutenant au Bailliage de Ioigny, pour le deport de monsieur le Bailly dudit Ioigny, Salut. Comme procez auroit esté
meu pardeuant nous en cette Cour, *Entre le procureur
fiscal de ce Comté, demandeur* d'vne part, *& André Perille* marchand demeurant audit Ioigny *defendeur ori-
ginaire* d'autre part, pour raison de ce que ledit Perille comme habitant dudit Ioigny estoit tenu enuers Monseigneur le Comte de Ioigny, *de quinze deniers tournois de Bourgeoisie,* payables par chacun an, le
Dimanche d'apres la Sainct Remy, au payement
dequoy, il auroit conclud pour vne année écheuë
audit iour en l'année 1604. Auec lequel Perille
se *fussent joints Maistre Augustin Thoüin* Conseiller du
Roy, Lieutenant en l'Election de Ioigny : *Maistre
Zacharie Perrotté* Aduocat : *Louis Perille* fils de M.
Louis Perille Esleu : *Iean Hatin Laisné* Apothicaire,
à cause de *Nicolle Perrotté sa femme* : Maistre *Iean
Hatin le jeune* Procureur : Louis Bejard Praticien :
Felix Bejard Apoticaire : *Iean Puisoye* fils d'André

Marchand : *Iean Blanchard* marchand Courtier de
Vins, à cause de *Liesse Chappeau sa femme* , tous demeurans audit Ioigny. De la partie desquels auroit
esté dit & defendu, que feus Nosseigneurs les Comtes audit Ioigny , auroient baillé plusieurs beaux
droicts, franchises & libertez aux *Ponthons, Gonthiers
Marchants & autres* , Par lesquelles ceux qui sont
descendus d'iceux , *sont exempts des droicts de ladite
Bourgeoisie, de Ban, Taille, Minage , Tonleu, Bannalité,
Coustume , Fortage des nouueaux mariez, peage ,* & de
toutes autres especes de seruitudes , mesmes *d'vne
amende de soixante sols, n'en payent que cinq sols tournois,
& de celles de cinq sols, & au dessous de cinq sols, n'en
payent que douze deniers:* Desquels *Ponthons & Gonthiers* , lesdits defendeur & joints, disoient estre issus, & comme tels, auoient ioüy & vsé, eux & leurs
predecesseurs, des exemptions & franchises desdits
droicts, sans auoir esté contraints, ny poursuiuis d'y
contribuër ; aussi qu'ils sont issus *d'Estienne Porcher*, annobly par le Roy CHARLES V. & comme tels, sont exempts desdits droicts , quand d'ail-
leurs ils en seroient tenus (que non) & soustenu
que pour ces causes ils fussent declarez exempts des
droicts susdits ; à l'effet dequoy , ils auroient offert
verifier leurs droicts de Genealogie, tant par tiltres,
que témoins, apres qu'ils leur seront déniez par ledit procureur fiscal: Ce qu'ayant esté fait par ledit
demandeur, qui auroit repliqué ; que l'annoblissement dudit Porcher estoit inutil ausdits deffendeur & joints , à cause qu'ils auroient dérogé, & ne

viuoient noblement, & pour autres caufes par luy
déduittes au procez, fouftenu qu'ils eftoient tenus
payer ledit droict; Auroient efté fur ce les parties
par nous receuës à informer, tant des faits de contribution, au payement dudit droict de Bourgeoifie, & mis en fait par ledit demandeur, que des faits
de Genealogie defdits defendeur & joints. Pour-
quoy faire de leur part, ils auroient produit plu-
fieurs tiltres deüement compulfez, & fait ouyr témoins, l'enquefte defquels fait, rapportée pardeuers nous, fe feroient les parties appointées en droict,
pour lequel faire, aurions ordonné qu'elles met-
troient leurs productions au Greffe. S ç A V O I R
F A I S O N S, Que veu la demande du demandeur
contenüe en l'exploict de Claude Mereffe Sergent
en ce Bailliage, du douziéme Decembre 1604. Defenfes dudit defendeur & interuenans: Noftre appointement du 27. Iuin 1605. Contenant lefdits
Thoüin, Bejard, M. Louis *Perille* tuteur dudit Louis
Perille fon fils, Iean *Puifoye fils d'Andrè, Hatin l'aifné*
à caufe de fa femme, & *Hatin le jeune*, auoir efté receus ioints auec ledit André Perille : *Les lettres de*
franchifes conferees à Milles Gonthier, par feu Guillau-
me Comte de Ioigny, dattees du mois de Mars mil deux
cens cinquante-huit : La confirmation defdites franchifes par Louis de France, Roy de Nauarre, Comte Palatin de Champagne, du mois de Iuillet 1313.
Vne Sentence renduë en cette Cour le 24 Auril mil
cinq cens vingt-cinq, entre les Religieux de l'hof-
pital, le procureur fifcal du Comté de Ioigny ioint

auec eux, demandeurs d'vne part, & defunct *Iean*
Puifoye fils de Pernet Puifoye, qui eftoit fils de Iean Pui-
foye, & de Nicole Geuffron; laquelle Nicole Geuffron eftoit
fille de Iean Geuffron & de Colette Roy; laquelle Collette
Roy eftoit fille de Iean le petit Roy, & de Collette Gon-
thier, fille de Iean Gonthier, yffu des Gonthiers & Pon-
thons : Les Lettres d'annobliffement dudit *Porcher,*
dattées du mois de Iuin mil trois cens foixante quatre: Autres Lettres de MILES DE NOYERS,
jadis Comte de Ioigny, du dixiéme Septembre mil
trois cens foixante-huict, portant permiffion audit
Porcher & à fa pofterité, de porter les Armes de ce
Comté : Autres Lettres iuftifians, dudit *Eftienne*
Porcher, eftre yffu M. *Iean Porcher* Confeiller du
Roy en fa Cour de Parlement, de luy eftre yffue
Marguerite le Porcher femme de Maiftre Hugues Fou-
rault, Efleu â Langres, d'eux eft yffu *Iean Foucault,*
& de luy *Philippes Foucault*, coniointe par mariage auec
Iean Perrotté, defquels feroit yffüe *Guillemette* : Noftre appointement du cinquiéme Septembre mil fix
cens cinq, par lequel les parties ont efté reglées à
écrire & produire par aduertiffement: Les productions refpectiuement faictes: Tiltres par elles produits : Contredits & faluations defdits tiltres : Noftre Sentence interlocutoire du neufiéme iour du
mois d'Octobre mil fix cens huict, par laquelle
nous aurions ordonné que les parties contefteroient
plus amplement fur les faits de Genealogie maintenus par lefdits defendeur & ioints audit procez,
& auffi lefdits defendeur & joints fur les faits de

contribution dudit droict de Bourgeoisie, qui seroient communiquez dedans huictaine pour y ré-
pondre à la huitaine suiuante, feroient preuue de
leurs faits contraires dans trois semaines, pour ce fait
& rapporté pardeuers Nous estre fait droict aux parties à la huitaine suiuante: Les faits de Genealogie
desdits deffendeur & joints, par lesquels ils auoient
prouué, lesdits *André & Louis les Perilles* estre fils de
Maistre Louis Perille Esleu à Ioigny, & de defuncte
Catherine Puisoye, laquelle & ledit *Iean Puisoye* ioint,
estoient yssus d'*André Puisoye*, fils desdits *Iean Pui-*
soye, & de *Guillemette Perrotté*: ledit *Thoüin* estre
yssu d'*Edme Thoüin* & de *Marie Puisoye*, qui estoit
fille dudit *Iean Puisoye*, & de ladite *Perrotté*: ledit *Louis Bejard* estre fils de feu *Iean Bejard*: ledit
Blanchard auoit espousé *Liesse Chappeau*, fille d'*A-*
dam Chappeau & de *Ieanne Bejard*, laquelle *Ieanne*
Bejard, ledit feu *Iean Bejard*, ensemble ledit *Fe-*
lix Bejard Apothicaire (*autre joinct*) estoient issus
de feu *Louis Bejard* & de *Philippe Puisoye*, fille dudit
Iean Puisoye & de ladite *Perrotté*: & quant audit *Ha-*
tin le jeune, Procureur, qu'il estoit issu dudit *Hatin*
l'aisné Apothicaire & de *Nicole Perrotté*, fille de *Guil-*
laume Perrotté, frere de ladite *Guillemette*, qui estoiét
l'vn & l'autre mediatemét issus des *Ponthons* & dudit
Porcher: Response faite par ledit demádeur ausd. faits
contenant la denegation d'iceux: nostre appointement du quinziesme Decembre mil six cens huict,
par lequel aurions ordonné que les parties infor-
meroient de leurs faits contraires, dans trois se-

maines, produiroient Lettres, & tiltres, com-
pulferoient, contrediroient, & faulueroient dans le
temps par nous y prefix, auec permiſſion aux parties
(ſuiuant le deſir de l'Ordonnance) d'eux faire inter-
roger: les faits & articles dudit demandeur; les interrogatoires faits ſur iceux par nous, auſdits *Bejard*,
Hatin le ieune, *Puiſoye*, *Perille & Blanchard*, du 9. De-
cébre 1609. & autres iours ſuiuans: L'Enqueſte deſdits defendeurs & ioints ſignée de Nous, de noſtre
Greffier & Adjoint, nommé & conuenu par les parties, ſur la Genealogie deſdits defendeur & ioincts;
Reproches & moyens de nullité; Enqueſte dudit demãdeur; ſaluations contre iceux deſdits defendeurs;
Noſtre procez verbal & compulſoire datté du 4.
Fevrier 1610. contenant l'interuention faite par ledit M. *Zacharie Perrotté* audit procez, auquel (ouy
ledit demãdeur) il auoit eſté par nous receu & ioint,
comme iſſu & deſcendu de *Iean Perrotté* & *d'Antoinette Bejard*, fille de feus *Nicolas Bejard* & de *Ieanne
Puiſoye*, qui eſtoit fille de feu *Ieau Puiſoye*, (fils de
Pernet) & de ladite *Guillemette Perrotté*; Les productions nouuelles reſpectiuement faites par leſdites
parties; Les tiltres par eux produits: Contredits &
ſaluations d'icelles, apres que ledit demandeur ſe
feroit déporté de faire enqueſte de ſa part, & fait
employ pour toute preuue, des interrogatoires &
reſponſes à iceux, deſdits defendeur & ioincts, &
toutes les autres pieces par eux produites. Meſme la
Requeſte du 11. Avril preſent mois 1611. à Nous faite
en Iugement en preſence dudit demandeur, par Mai-

ftre *Iean Pefnot* Procureur en ce Bailliage à caufe de
Ieanne Ragon fa femme, & par Maiftre *Nicolas le Vert*
Apothicaire demeurant audit Ioigny, à caufe de
Nicole Ragon fa femme, afin d'eftre receus à repren-
dre le procez, au lieu de *Nicolle Perrotté* viuante femme dudit *Hatin l'aifné*, leur ayeule maternelle, dece-
dée depuis noftre appoinctement en droict, à quoy
faire ils auroient efté receus, le demandeur fur ce
ouy, & fur ce confeil pris.

Nous par deliberation d'iceluy difons, *lefdits de-*
fendeur & ioints auoir bien & deuèment prouué & veri-
fié tant par leurs tiltres que tefmoins, eftre iffus & defcen-
dus dudit Porcher, & de ceux aufquels noffeigneurs les
Comtes ont conferé lefdites franchifes & priuileges, & com-
me tels, en les renuoyant des conclufions dudit demandeur;
Declarons eux & leurs defcendans francs & immunes
dudit droict de Bourgeoifie, du ban, taille, minage, tonleu,
couftume, fortages des noueaux mariez, bannalité, peages,
& de toutes autres efpeces de feruitudes : que des amendes
de foixante fols, ils en feront quittes en payant cinq fols
tour. & de celles de cinq fols, & au deffous; ils en feront
quittes pour douze deniers, les defpens du procez com-
penfez par noftre Sentence, Iugement & à droict,
figné fur le dicton; D E L A M A R E. En tefmoin
dequoy nous auons fait feeler ces prefentes du con-
tre-feel aux caufes dudit Bailliage, qui furent faites,
données & prononcées en l'Auditoire dudit Baillage par nous Iuge & Lieutenant fufdit, le Ieudy *vingt-*
huictiefme Auril mil fix cens vnze à l'heure de fept
heures du matin, en prefence de Noble homme maiftre

ſtre Iean le Doux, Procureur Fiſcal dudit Comté
pour Monſeigneur l'Illuſtriſſime & Reuerendiſſi-
me Pierre Cardinal de Gondy, Comte de Ioigny, &
encore en preſence dudit *Thoüin*, *Perrotté*, *Andrè Pe-*
rillé, *Peſnot*, *& le Vert*, tant pour eux que pour leurs
conſorts dénommez au preſent Iugement, lequel
Procureur Fiſcal, enſemble leſdits defendeurs &
joints ont proteſté d'appeller, dont nous auons
octroyé acte, & ont eſté les productions remiſes
au Greffe, que les parties pourront retirer, ſi bon
leur ſemble, Signé, enfin M v s n i e r Greffier
auec paraphe.

Communiqué à Meſſieurs Nauarrot, Arnault &
Cohicault Aduocats en Parlement à Paris. Signé,
DELAMARE, *auec paraphe.*

Sentence obtenuë par Laurence Puiſoye, veſue Maiſtre
Pierre Demas, François Charles, & Françoiſe De-
mas ſa femme, du 17. Aouſt 1611. Contre le Procureur
Fiſcal du Comté de Ioigny, par laquelle Sentence ladite
Laurence Puiſoye & ſes enfans ſont déchargez du droit
de Bourgeoiſie, & autres pretendus par ledit Procu-
reur Fiſcal.

A Tovs ceux qui ces preſentes lettres verront,
Sauinian Delamare, Lieutenant au Bailliage
de Ioigny, pour l'abſence de Monſieur le Bailly. Sa-

Q

lut. Sçauoir faifons , *Qu'entre le Procureur Fifcal du Comté de Ioigny demandeur* d'vne part , *Laurence Puifoye vefue de feu Maiftre Pierre Demas , viuant maiftre particulier des bois, eaux & forefts dudit Comté* , tant en fon nom, que comme *Tutrice de Iean Demas , Louis Demas , Marie Demas, & Claude Demas enfans mineurs d'elle, & dudit defunct Maiftre Pierre Demas* , Et encores *François Charles* marchand demeurant audit Ioigny : Et *Françoife Demas fa femme,* fille de ladite Laurence Puifoye & dudit defunct Demas *defendeur, d'autre,* VEV la demande & conclufions dudit demandeur, tendante à ce que ladite Laurence Puifoye, & ledit Charles , fuffent *condamnez à payer par chacun an , la fomme de quinze deniers de Bourgeoifie à Monfeigneur* le Dimanche d'apres la Sainct Remy, tant & fi longuement qu'ils tiendront feu & lieu en cette ville, & les arrerages écheus : Les defenfes & Genealogie defdits defendeurs , par laquelle ils auroient *maintenu eftre des franchifes*, & ne rien deuoir dudit droict, pour eftre *yffus & defcendus* en loyal mariage ; fçauoir, ladite *Laurence Puifoye* de feu *Noel Puifoye* , fils de feu *Iean Puifoye* (fils de Pernet) & de *Guillemette Perrotté,* lequel Iean Puifoye fils de Pernet auoit efté declaré , & fadite femme , auec leur pofterité , lors nais & à naiftre, francs & exépts dudit droict de Bourgeoifie, enfemble de ban, taille, minage, tonleu, bannalité, couftume , fortaige des nouueaux mariez , peage , & de tous autres droicts & feruitudes ; mefmes d'vne amende de foixante fols ; n'en payoient que cinq fols , & de celle

de cinq fols, & trois fols, n'en payoient que douze
deniers tournois : *Au moyen des franchifes conce-*
dées par deffuncts Noffeigneurs les Comtes dudict
Ioigny, aux Ponthons, Gonthiers, Marchands, & au-
tres, par jugement rendu à leur profit, en datte du
vingt-quatriéme Avril mil cinq cens vingt-cinq,
lefdites franchifes confirmée de L o v i s de France
Roy de Nauarre, Comte Palatin de Champagne,
dattées du mois de Iuillet mil trois cens treize. Les
Lettres d'annobliffement d'E s t i e n n e P o r-
c h e r, dattées du mois de Iuin mil trois cens
foixante quatre : Deux Sentences par nous renduës
entre ledit Procureur d'vne part, en deux inftances,
Et *André Perille*, Maiftre *Auguftin Thouin*, & con-
fors, du vingt-huitiéme Auril mil fix cens vnze, &
l'autre, *entre Louis Meroft* & conforts, du 16. iour
d'Aouft an prefent ; Le tout communiqué audit
Procureur Fifcal par ladite Laurence Puifoye efdits
noms, & ledit Charles : Les conclufions prifes par
ledit Procureur, portant fon confentement, & declaration, qu'il n'auoit moyens d'empefcher les conclufions incidentes prifes par lefdits defendeurs, &
qu'ils ne fuffent renuoyez de fes premieres conclufions, & declarez eftre defdites franchifes, comme eftans yffus defdits Iean Puifoye, fils de Pernet,
& de Guillemette Perrotté. Noftre appointement
de droict, & tout ce qu'il faifoit, à voir bien confi-
deré, & fur ce confeil, *Nous* faifant droict aufdites
parties, *Difons lefdits defendeurs auoir deuëment iuftifié*
eftre yffus de ceux aufquels lefdites franchifes ont efté don-

Q ij

uées par feus Noſſeigneurs les Comtes de Ioigny, & de meſme famille que les dénommez en noſdits deux Iugements cy-deſſus dattez, *Et comme tels nous les renuoyons des fins & concluſions dudit procureur fiſcal, les declarõs eux & leurs deſcendans francs & exempts dudit droiÛ de Bourgeoiſie, ban, tailles, minage, tonleu, couſtume, fortage des nouueaux mariez, peage, & de toutes autres charges & ſeruitudes, que des amandes de ſoixante ſols, ils en ſeront quittes pour cinq ſols, & de celles de cinq ſols, ou de trois ſols, ils en ſerõt quittes pour douze deniers tournois.* Les dépens cõpenſez par noſtre Sentéce, & à droit, la mi-nute des preſentes, ſignée, DE LA MARE, En témoin dequoy auons fait ſceller ceſdites preſentes du con-tre-ſeel aux cauſes dudit Bailliage, qui furent faites, données & prononcées au Greffe d'iceluy Bailliage audit Procureur Fiſcal comparant en perſonne, & à ladite vefue Demas, comparant auſſi en perſonne, aſſiſtée de Maiſtre Iean Oury ſon Procureur, *tant pour elle que pour ſes enfans* dénommez en la preſen-te Sentence : Et ont icelles parties proteſté d'appel-ler d'icelle Sentence *le dix-ſept Aouſt mil ſix cens vnze.* Ladite vefue a retiré ſa production, Signé, M v s-NIER auec paraphe. Eſpices quatre liures dix ſols payées par leſdits defendeurs.

Prouiſions de Monſieur l'Archeueſque de Sens de la Cha-
pelle des Porchers, *en faueur de* Iean Bejard ſur la
nomination des Deſcendans d'Eſtienne Porcher,
fondateur d'icelle, du 8. Ianuier 1617.

EDMVNDVS MAVLIAN Presbyter, in Iuribus Licentiatus, inſignis Eccleſiæ maior
Archidiaconus & Canonicus præbendatus, Officia-
lis Senonenſis, nec-non Vicarius generalis in ſpi-
ritualibus & temporalibus Illuſtriſſimi & Reue-
rendiſſimi Domini, Domini Iacobi, miſeratione
diuina, tituli ſanctæ Agnetis in Agone, Presbyteri
Cardinalis Perronij nuncupati, Senonenſis Archie-
piſcopi, Galliarum & Germaniæ Primatis, ac ma-
gni Franciæ Eleemoſynarij. Vniuerſis præſentes
litteras inſpecturis, Salutem in Domino. Ad ve-
ſtram deducimus notitiam, quod nos Capellam ſeu
Capellaniam Conceptionis Beatæ Mariæ Virginis,
in Eccleſia Parrochiali Sancti Theobaldi Senonenſis Dioceſis fundatam, *cuius vacatione occurren-*
te, preſentatio ad hæredes STEPHANI LE PORCHER
dictæ Capellaniæ fundatoris. Collatio verò, proui-
ſio, Inſtitutio, & alia quæuis diſpoſitio ad præfa-
tum Dominum Illuſtriſſimum & Reuerendiſſi-
mum, ratione Archiepiſcopalis ſuæ dignitatis, ordinario iure ſpectant & pertinent, liberam nunc &
vacantem, per puram & notoriam abſentiam, ſeu
iniuſtam detentionem PHILIPPI MVROT,

dictæ Capellaniæ vltimi & immediati possessoris
pacifici, dilecto nostro Magistro I O H A N N I Be-
I A R D Diacono prædictæ Diocesis, *nobis per præli-
batos hæredes , literatouè præsentato,* prout actis præ-
sentationis dierum quarti & octaui , præsentium
mensis & anni nuper elapsorum , latissimè consti-
tit, tanquam sufficienti, capaci & idoneo, autori-
tate præfati Domini Illustrissimi & Reuerendis-
simi, qua fungimur in hac parte, contulimus, &
donauimus, conferimusque & donamus, cum suis
iuribus, fructibus, & emolumentis vniuersis. QVO-
C I R C A primo Presbytero, seu Curiæ Senonensis
Notario mandamus, quatenus dictum B E I A R D,
vel procuratorem eius legitimum, in possessionem
corporalem, realem, & actualem eiusdem Capellæ
seu Capellaniæ Conceptionis Beatæ Mariæ Virginis in dicta Parrochiali Ecclesia Sancti Theobaldi, iuriumque illius , & pertinentium vniuerso-
rum, ponat, & inducat, seu poni & induci faciat,
seruatis ceremoniis, & præstitis iuramentis assuetis,
iure alieno semper saluo. Datum Senonis sub si-
gillo Curiæ Senonensis, vna cum nostro , & Secre-
tarij nostri signo, Anno Domini millesimo sexcen-
tesimo décimo septimo, die octaua mensis Ianuarij.
præsentibus Magistro Gabriele Garsement Curiæ
Senonensis procuratore, & Eraclio Belotin Cleri-
co, Senonis degentes. Ainsi signé, M A V L I E A N.
Et plus bas, De mandato Domini Vicarij Generalis, Belotin, *Et au dos est escrit,* Insinuati per Felix
Bejard patrem & procuratorem dicti B E I A R D

Capellani vel Capellan. retronominati mihi commiſſi graffinatui inſinuationum actorum Dioceſis Senonenſis die nona menſis Ianuarij, Anno Domini milleſimo ſexcenteſimo decimo ſeptimo, & regiſtratum in meo ſecundo regiſtro folio 215. pagina prima & ſecunda, *Signé,* PATTEY Commiſſus.

Sentence de recreance & de maintenuë en la poſſeſſion de ladite Chappelle des Porchers, renduë par les Preſidiaux de Troyes, en faueur de Iean Bejard, le 19. Nouembre 1618.

A TOVS ceux qui ces preſentes Lettres verront, Louis Largentier Cheualier de l'Ordre du Roy, Gentil-homme ordinaire de ſa Chambre, Baron de Chapelaine, Bailly de Troyes, Salut ſçauoir faiſons, *Que Maiſtre Michel Hennequin demandeur & Compleignant pour raiſon du poſſeſſoire de la Chapelle Noſtre Dame fondee en l'Egliſe Sainct Thibaut de Ioigny,* & incidemment appellant d'vne Sentence renduë par le Bailly dudit Ioigny, ou ſon Lieutenant, le 28. iour d'Auril 1611. d'vne part, Et *Maiſtre Iean Bejard demeurant audit Ioigny, defendeur audit poſſeſſoire,* & inthimé d'autre part. VEV la Commiſſion obtenuë en ce Siege par ledit demandeur, & adiournement en vertu d'icelle, contenant ladite complainte & concluſions poſſeſſoires, en datte du 26. iour de Ianuier, & 14. iour de Février

1617. l'appointement du 19. iour d'Auril enfuiuant,
reglant les parties à prendre refpectiuement com-
munication de leurs tiltres & capacitez, contredire,
faulue & produire les tiltres & capacitez defdites
parties, nommément les dernieres prouifions obtenües par ledit demandeur de ladite Chappelle, *fur
la nomination des fieurs Budè*, du 7. iour de Mars
dernier, & feconde prife de poffeffion dudit iour;
Enfemble l'acte fouz feing priué de ladite nomination, du
23. iour de Ianuier au precedent; & pareillement
les dernieres prouifions obtenües par ledit defendeur de la mefme Chapelle, *fur la prefentation d'vn
grand nombre de perfonnes, foy difans Patrons d'icelle, le fe-
ptiefme iour de Septembre mil fix cens dix-fept.* Et reï-
terées, prifes de poffeffions, du 8. iour dudit mois;
Enfemble la Requefte contenant la prefentation
& nomination defdits Patrons, le tout infinué:
Copie des Tiltres de fondation de ladite Chapelle; Ladite Sentence dont eft appel, par laquelle *les Prefentateurs dudit defendeur font declarez iffus d'Eftienne
Porcher, Fondateur de ladite Chapelle*: Contredits &
faluations des parties; les relief & exploicts d'apel,
& conclufions audit apel: La Sentence interlocutoire rendüe entre les parties, le 14. iour d'Aouft
dernier, & pieces fur lefquelles elle feroit interue-
nüe; La Requefte dudit demandeur portée par
l'exploict Doudinet Sergent, du 23. iour d'Octobre: Defenfes à icelle dudit defendeur; Appointement du 3. iour du prefent mois de Nouembre, &
tout ce que par lefdites parties a efté produit felon
leurs

leurs inuentaires : IL EST DIT par deliberation du Conseil, en declarant ledit demandeur for-
clos de satisfaire à ladite Sentence, du 14. iour
d'Aoust dernier, & en consequence non receuable
audit apel, que sans auoir égard à iceluy, *Est la re-*
creance de ladite Chapelle nostre Dame fondee en l'Eglise
Sainct Thibaut dudit Ioigny adiugee audit Bejard defen-
deur, en baillant par luy caution ; *Et au principal est*
iceluy Bejard maintenu & gardé en la possession de ladite
Chapelle, ses cautions déchargées, & ledit demandeur condamné enuers ledit defendeur ez dépens
du procez, dómages & interests, à cause du trouble
par luy fait en ladite possession tels que de raison. SI
MANDONS au premier Sergent Royal sur ce requis qu'à la requeste dudit Bejard, ces presentes il
mette à deuë & entiere execution. De ce faire luy
donnons pouuoir & commission, qui furent faites, données, & prononcées audit Troyes, au Greffe dudit Bailliage audit Bejard, comparant par
Maistre François Bourbé son Procureur, & en
l'absence dudit Hennequin, le Lundy 19. iour de
Nouembre 1618. Iugé au Conseil par Messieurs
de Bitel, de Villeprouuée, Fauier, Paillot, le Cour-
tois, Riteur, de Vienne, Fauueau, Guichard, Grassin, & Gauthier Conseillers au Bailliage & Siege
Presidial de Troyes. Espices huit escus fournis par
Maistre Iean Perille pour ledit Bejard. Ainsi signé, GALLEREY, Et scellé.

R

ADDITIONS

ET

CORRECTIONS.

PAGE *premiere, ligne 13. rayez, armé & bequeté, & li-*
fez, membré & becqué; ligne 15. apres Gregoire, li-
fez X 1.

page 4. apres la ligne 18. adioutez

GILLES PORCHER frere puifné d'Eftienne,
fut auffi annobly par le mefme Roy Charles V. ainfi qu'il fe voit par les Lettres données à S. Denys en
France, l'an 1366. La pofterité duquel eft ignorée
iufques à prefent.

Page 8. ligne 9. apres ce mot Ioigny, adioutez, où il
fut déchargé de la recherche des francs-fiefs & nou-
veaux acquefts par iugement des Commiffaires à
ce deputez par le Roy, du dernier May 1471. *En la*
mefme ligne, apres efpoufa, adiouftez Nicole Langlois
fille de Bertin Langlois; *ligne 13. au lieu de quatre, li-*
fez fix; ligne 14. adiouftez elle fut déchargée de la
Taille, comme perfonne Noble, par Sentence des
Efleuz de Sens, du 14. Iuin 1507.

Apres la ligne 17. adiouftez,

5. GVILLEMETTE FOVCAVLT époufa Iacques Rouffelet.

A la fin de ladite 8. page adiouftez

R ij

6. ANNE PERROTTE' sœur puisnée de ladite
Catherine, fut femme de Germain Boucher demeurant à Auxerre, & en eut deux filles; à sçauoir, Perrette Boucher, qui épousa Nicolas Delié, Bourgeois de ladite Ville, & Claudine Boucher femme
de Laurent Guillot Notaire audit lieu.

page 9. ligne 3. apres Pernet, adioutez, & de Philippes
Destrapes, *& apres la ligne 5. adjoustez*, elle mourut enuiron l'an 1543. *ligne 11. apres auec adjoustez*, Ieanne
Puisoye fille de Guichard Puysoye ; *apres la ligne 13.*
adjoustez,

6. IEAN PERROTTE' Prestre fut pourueu de
la susdite Chapelle des Porchers en l'année 1536. vacante par la resignation de Maistre Guillaume Imbert, sur les presentations de Messieurs Iean Aque-
nin dict le Duc, sieur de Vilnaudé, Conseiller des
Aydes, fils de Pierre Auditeur des Comptes à Paris,
qui estoit arriere petit fils du susdit Guillaume le
Duc, President, & de ladite Ieanne Porcher sa femme fille d'Estienne ; Robert Lotin aussi Conseiller
des Aydes ; Iean Deliures Aduocat en Parlement;
Iacques Deliures sieur de Maigny; Guillaume Budé
sieur de Marly la Ville, Maistre des Requestes; Iean
Budé sieur d'Ierres, Conseiller & Garde des Chartres du Roy ; Guy Budé sieur de Villiers sur Marne;
Louis Budé le ieune, Escuyer; de Philippes Faucault,
vefue Iean Perrotté ; Guillaume Lotin Chanoine
de Sainct Estienne d'Auxerre ; & de Guillemette
Foucault, vefue de Maistre Nicolas Rousselet, les-
dites Presentations & nominations en datte des 21.

22.29 & 30. Iauier auditan 1578. Ledit Iean Perrot té mourut auant l'année 1579. *ligne 18. apres eſpouſa* *adjouſtez*, en premieres nopces, *ligne 21. adjouſtez* & en deuxiéme Iean le Muet, Ladite Foucault viuoit encore en l'année 1584.

page 12 *ligne* 7. *liſez* Senan.

page 14. *ligne* 10. *apres Troyes, adjouſtez* & de Guillemette Matignon.

page 15. ligne 6. adjouſtez, ledit Edme Thoüin mourut au mois d'Aouſt 1579. *ligne 7. rayez Catherine & liſez* Charlotte. *ligne 21. adjouſtez*, puis à Auxerre. *apres la derniere ligne de ladite page 15. adjouſtés*, elle eſpouſa auſſi Gauthier Gauthier demeurant à Sens, d'où vint Catherine Gauthier femme de Claude Tardineau.

page 18. lig. 14. rayez ces mots Meſſieurs Budé, du 7. Mars precedent, & liſez grand nombre de perſonnes ayans droiĉt de preſenter à ladite Chapelle en datte du 7. Septembre 1617.

page 26. ligne 14. apres eſpouſa, adjouſtez, Anne Behotte, *apres la ligne 15. liſez.*

10. CLAVDE ROVELLE, eſpouſa Anne Augu, & en eut les trois enfans cy deſſous, *& apres la derniere ligne adjouſtez.*

———— 10. Enfans dudit Claude Rouelle & de ladite Anne Augu ſa femme.

11. ANNE ROVELLE, femme de Gilles Thuilot.
11. CLAVDE ROVELLE.
11. IEAN ROVELLE.

page 27. apres la ligne 19. adjouſtez,

8. IEAN BEIARD, Curé de S. Thibault de Ioigny.

R iij

page 31. *ligne premier, lisés,* Perrotté.

page 32. *apres la ligne* 5. effacez 10. & faites vne raye, & mettez le mesme chiffre 10. apres ladite raye.

page 35. *ligne* 8. *adjoustez* & en a les enfans cy-apres.

page 39 *apres la ligne* 12. *adjoustez.*

8. EDME E THOVIN, sœur dudit Augustin Thouin espousa Louis Penon de la ville de Sens, Aduocat à Ville-neufue le Roy, d'où vint Louis Penó le jeune, Chapelain de ladite Chapelle des Porchers, qui fut tué pendant la Ligüe en vne sortie que firent les habitans dudit Ville-neufue le Roy, sans laisser aucuns freres ny sœurs; il auoit esté maintenu en la possession de ladite Chapelle comme estant en patronage Lay, par Sentence du Baillage de Troye en datte du 28. Septembre 1579. en suite du desistement de Maistre Iean Tulou Prestre.

page 41. *ligne* 14. *lisez,* fille.

page 43. *ligne premiere, lisez* enfant, *ligne derniere, lisez* esprits.

page 44. *ligne* 19. *lisez* les.

page 49. *ligne* 4. *rayez du, & lisez* de

page 53. *ligne* 5. *adioutez,* dont il a les enfans cy-apres.

page 56. *ligne* 4. *lisez* Marion, *au lieu d'Anne, ligne* 5. *lisez* cinq. *ligne* 9. *lisez* apres. *ligne* 13. *lisez* Marion. *ligne* 14. *apres* Ferrand, *adioutez* fils de Colas Ferrand. *apres la ligne* 19. *adioutez,*

8. CATHERINE PVISOYE espousa Claude de Varenne.

page 58. *apres la ligne* 8. *adioutez,* & en a les enfans cy apres.

143

page 59. ligne 3. lisez, & de

page 61. apres la ligne 12. faut oster la raye qui y est.

page 64. ligne 5. ostez le chiffre 11. & mettez 10. ligne 6. rayez Gratien. lignes 8. & 9. ostez les deux chiffres 12. & 12. & mettez 11. & 11.

page 66. ligne 6. ostez Ieanne, & lisez Marion.

page 71. ligne 12. lisez Legeron.

page 73. ligne 3. rayez Catherine, & lisez Philippes. apres la ligne 13. adioustés, Dont il fut privé à cause de sa longue absence, & iniuste detention par Monseing. l'Archeuesque de Sens, & M. Iean Bejard pourueu & estably en sa place, le 8. Ianuier 1617.

page 75. ligne 2. lisez, de Ieanne Puisoye. ligne 6. adioutés elle vivoit encor en l'année 1605.

page 76. apres la ligne 7. adioutés,

9. IEANNE LE CLERC, dite Ragon, épousa Iean Pesnot, procureur à Ioigny.

page 77. ligne 7. lisez 65.

page 79. ligne 15. lisez 1434.

page 86. ligne 6. effacez le chiffre 4. & mettés 2. ligne 10. effacez le chiffre 2. & mettez 3.

page 87. ligne 17. effacez le chiffre 3. & mettez 4.

page 89. ligne 18. adioutez, & en la 14. page de ce Liure.

page 104. ligne 7. effacez nam, & mettez suam.

page 113. ligne 11. effacez seigneur, & lisez lignée.

page 124. ligne 10. lisez faits.

page 125. ligne 13. lisez Comte, ligne 17. rayez est, & lisez estre.

FIN.

FIN.

www.ingramcontent.com/pod-product-compliance
Lightning Source LLC
Chambersburg PA
CBHW070802290326
41931CB00011BA/2112